| 教师朗读指导书 |

让 朗读
点亮课堂

四~六年级 上册

总主编：孙建龙　张凤霞　陈　薇
编　著：陈　薇　高雅丽　张凤霞 等
音　频：曾　婉　张凤霞

图书在版编目（CIP）数据

让朗读点亮课堂.四~六年级.上册/陈薇等编著.—南昌：江西教育出版社,2020.9
ISBN 978-7-5705-2048-0

Ⅰ.①让… Ⅱ.①陈… Ⅲ.①阅读课－小学－课外读物②朗诵－语言艺术－小学－课外读物 Ⅳ.①G624.233

中国版本图书馆 CIP 数据核字 (2020) 第 173825 号

让朗读点亮课堂（四~六年级上册）
RANG LANGDU DIANLIANG KETANG

陈　薇　高雅丽　张凤霞等　编著

江西教育出版社出版

（南昌市抚河北路291号　邮编：330008）
各地新华书店经销
江西新华印刷发展集团有限公司印刷
720 毫米 ×1000 毫米　　16 开本　　13.5 印张　　字数 210 千字
2020 年 9 月第 1 版　　2020 年 9 月第 1 次印刷
ISBN 978-7-5705-2048-0
定价：48.00 元

赣教版图书如有印装质量问题，请向我社调换　电话：0791-86710427
投稿邮箱：JXJYCBS@163.com　　电话：0791-86705643
网址：http://www.jxeph.com

赣版权登字 -02-2020-410
版权所有　侵权必究

编写说明

《义务教育语文课程标准》（2011年版）"课程目标"部分提出了学生阅读能力培养的总体目标："具有独立阅读的能力，学会运用多种阅读方法。有较为丰富的积累和良好的语感，注重情感体验，发展感受和理解的能力。能阅读日常的书报杂志，能初步鉴赏文学作品，丰富自己的精神世界。"而这一总体目标的实现，是通过不同学段阶段性目标的具体教学实践达到的。朗读是各个学段提高语文教学水平的一个重要的教学手段，但在实际教学中，教师对朗读教学的理解，以及在如何指导学生增强朗读能力和提高朗读水平方面还存在着一些误区。常常听到有教师在课堂上说："我们要读出自己的感情"，"要带着悲伤的语气读"，"要带着激愤的感情读"……而学生要么读得平淡无味，要么装模作样、无病呻吟，令人大失所望。因为感情是在体验中、感染中、共鸣中自然生发的，不是靠外在的指令产生的。教学中，如果学生不能理解课文的语言文字，不能深入地体会作品和作者的情感，他们就难以真正将自己的感情融入朗读中。

想提高有感情朗读的有效性，就应该联系学生的生活积累，激活学生的知识储备，使他们对言语对象进行积极主动的感受体悟，产生共鸣。教学过程中，可以引导学生抓住文中的关键词、重点句读读，议议，品品，挖掘文本的内涵，体会作者的情感；还可以通过示范朗读和配乐诵读等手段以情激情。在教学指导过程中，教师必须首先充分地认识作品、研究作品，深刻发掘其内涵，把握作者的创作意图和要表达的思想感情，把握课文的情感。在此基础上，借助恰当的手段方法和巧妙的语言点拨进行朗读指导，学生不仅能开阔眼界，增长知识，而且能受到美的教育，得到美的熏陶。所以培养学生从文字语言到有声语言的转换能力，从而更好地理解、感受文本所揭示的人、事、物之美，在小学阶段语文教学中尤为重要。

基于上述原因，我们编写了《让朗读点亮课堂》这套书。本套书以《教师教育课程标准》《小学教师专业标准》和《义务教育语文课程标准》（2011年版）为基本指导思想，坚持以"立足解读、体会情感、指向实践"为出发点，以典型文本解读和朗读技巧处理相结合的形式进行朗读指导，以强化小学教师的朗读技能和朗读指导能力，使朗读真正成为教师素养的重要组成部分。

本套书编写的侧重点是在小学语文课程改革实验与实施的大背景下，对统编教材中教师所关心的部分常见文本进行朗读指导，期望能够收到举一反三的实际效果；以真实的教学行为为依托，针对小学语文课堂及课下朗读指导中教师不敢范读、朗读指导缺乏针对性、朗读在课堂上流于形式等实际问题，并试图通过解决这些问题，给一线教师和职前教育阶段的师范生以实实在在的朗读技能与朗读指导训练的启示；充分关注教师从新课程的学习者向实施者与研究者的转变历程，以统编小学语文教材的部分文本解读与朗读指导的形式，体现出指导性、启发性、实用性与生动性相结合的特点。

本套书不同于一般朗读指导用书侧重朗读技巧指导的特点，而是立足于小学语文教师工作的实际，更侧重实践训练，力求内容务实，语言亲和（但不口语化、通俗化），充分体现人文色彩。课堂教学实践证明，对文本的解读是多元化的理解过程，朗读者的朗读亦是如此。本书中对某一篇课文的解读与朗读指导，侧重的是某一方面或某一角度，但教师在课堂指导过程中一定要关注到自己的教学目标，以及在课文总基调下的"个性化"呈现，避免多人一腔、全班同调。特别提醒各位老师：朗读是教师的基本技能，教师的朗读过关，才能更好地指导学生。这里的朗读指导，不要求教师在授课中单纯效仿，也不是将朗读贯穿全篇，而是要在阅读教学中灵活运用。关于音频，也请教师参考着听。当音频的朗读指导与您的理解不吻合时，您正好可以把它作为一个探究点深入研究或和学生一起进行讨论交流，以期收到师生、生生探究交流的效果。

本套书分为四册：统编小学语文教材一～三年级（上册）精选篇目的朗读指导，统编小学语文教材一～三年级（下册）精选篇目的朗读指导，统编小学语文教材四～六年级（上册）精选篇目的朗读指导，统编小学语文教材四～六年级（下册）精选篇目的朗读指导。因为低年级是语感训练的关键期，而且一年级学生刚刚开始小学阶段的语文学习，所以教师课堂的示范朗读与指导更加重要。因此，一年级上、下册教材中所有的讲读篇目全部选入相关分册，作为朗读指导训练学习的内容。其他各年级各册的讲读课文，则依托单元学习要点，选取有代表性的篇目进行训练指导。

每一分册内容的构成分为两部分：文字篇和音频篇。一、文字篇。朗读的基本理论知识，四册书的朗读基本理论知识会形成一个整体。文本朗读指导，此为重点内容，包括四个方面，即原文呈现、文本简析、朗读指导、教学建议。二、音频篇。包括每册书所选课文朗读指导的音频讲解和统编教材中全部课文的朗读音频（其中一年级教材包括拼音和识字及相关的语文园地中的内容），以弥补书面文字表意的"不逮"；音频可通过扫描书中的二维码获得。

本套书的读者群体和适用范围大致有如下几类：一为一线小学语文教师提供实际训练指导，二为高校小学教育专业的本科生、研究生提供职前研习、训练资料，三为小学生家长课下指导孩子朗读做参考，四为所有朗读朗诵爱好者学习朗读知识、提升朗读素养做辅助。

本册书的编写分工如下：朗读基本知识由张凤霞执笔，课文朗读指导由陈薇、高雅丽、张康、郑晓婷、徐子慧、韩思慧执笔，整本书朗读指导的音频由张凤霞完成，课文朗读由曾婉（苑阳）完成。高雅丽、韩思慧做了本书的文字梳理与统稿工作，陈薇做了本书的框架设计和定稿工作。

本套书在编写过程中，借鉴吸收了许多他人的优秀成果。对于书中所参考过的书籍、文献、博客、网页等相关资料，我们尽可能注明了出处；在编写过程中，我们重点参考了人民教育出版社统编义务教育教科书小学语文教材和义务教育教科书小学语文教师教学用书；朗读基本知识部分我们重点参考了郭玉斌老师的《朗诵艺术的技巧与赏析》。我们得到了江西教育出版社、首都师范大学出版社公众号"乐智阅读"平台、首都师范大学初等教育学院的大力支持。在使用过程中，大家一定会发现本套书存在的不足之处，恳请提出宝贵意见。在此，向给予我们帮助的所有人表示衷心的感谢！

陈　薇　高雅丽
2020年2月2日

序　言

"文以气为主"（曹丕《典论·论文》），按李泽厚先生的解释，这里的"气"即文章中所凝聚、所蕴含的"主体道德——生命力量"，"这种力量经常通过高度概括化了的节奏、韵律等感性语言而呈现"（李泽厚《华夏美学》）。刘纲纪先生认为，"气"是人的生命力，与人的气质、个性、精神直接相关 [李泽厚、刘纲纪《中国美学史（第二卷·下册）》]。从作者来讲，"气"通过有形、有声的语言得以外化、表达；从阅读者来讲，则有"因声求气""以学养气"的阅读方法乃至学说。在中国传统语文教育中，人们始终认为，读者须通过对文章语音、语调的疏密、长短、节奏、快慢、起伏和韵律的诵读，并以此对文章语词、句法、修辞、内容等进行揣摩，才能真切体悟、感受到文章之"气"。

"凡读书……须要读得字字响亮，不可误一字，不可少一字，不可多一字，不可倒一字，不可牵强暗记，只是要多诵遍数，自然上口，久远不忘。古人云：'读书百遍，而义自见。'谓读得熟则不解说自晓其义也。"（朱熹《朱子童蒙须知》）至晚清曾国藩，也有"非高声朗读则不能得其雄伟之概，非密咏恬吟则不能探其深远之趣"的观点，认为只有通过朗读吟咏，才能"引出一种兴会"（曾国藩《家训》），领略到作品的"神气"，进而产生一种自然愉悦的心理体验和精神上的愉悦。这正是所谓"因声求气"的过程,通过目、口、耳等多种感官,使文字、音节、声调跃动起来,从而调动身心去面对、想象、感受、体悟,使读者的心灵沉浸其中,获得"浩然之气"的滋养。

语文的学习不能没有声音的相伴,"因声求气"的传统语文教育思想需要我们更好地传承与发扬。朗读,作为"把文字转化为有声语言的一种创造性活动",其"创造"的实质不只在于技术,更在于理解与表达,在于精神。通过"目"与"口",在长短疾徐、抑扬顿挫中,我们唤醒的是语言;通过"耳"与"心",倾听并触动我们心灵的是气韵与精神。面对文字,我们用心、用声音,唤醒并创造出了一个审美的世界,使文章所蕴含的理性与情感展现出新的活力。这个审美的世界与朗读者的精神世界相交融,在我们内心的审美与道德世界中产生回响。于是,在"因声求气"中,我们达到了"以学养气"之目的。这是一个专注感受文章语言、用心揣摩作者胸怀的过程,是一种心灵碰撞、情感交融的过程,是一个于潜移默化中丰富生命体验、提升道德修养、发展审美人格的过程。由此,我们看到朗读对于青少年个体精神发育与人格形成的重要意义。

显然,朗读是一个不可替代的、融通语言和精神的重要感知活动,也是一个富有创造性的审美活动。因此,书声琅琅也就成了一种精神的召唤。对于少年儿童来说,朗读滋养着他们个人的文化情怀与精神品格,也必将带领他们从铿锵的语言世界走进意蕴深厚的审美与文化世界。从这个意义上说,《让朗读点亮课堂》这套书,其实点亮的不只是课堂,更是儿童的心灵。正是为了这样的一个理想,我们愿意和所有的教师、家长一道,做好儿童成长的引路人。

让我们再回到语言学习本身。"理论上说,人对语言的理解应当经过这样两个阶段:一是感知它的声音或形体,二是思索它所表示的意义。但通常情况下，人们却在感知它的声音或形体的同时，就了解了它所表示的意义，无须思索。"（董蓓菲《小学语文课程与教学论》）这就是所谓的语感，即"在视听当下不假思索地从感知语音、字形而立刻理解语音字形或表示意义的能力"（王尚文《语感论》）。在母语的学习过程中，语感的积累与丰富极为重要，它是一个内隐的学习过程，其途径就是反复诵读、潜心揣摩、熟读成诵。这个过程同时是情感、思想、文化的积淀过程，是一个潜滋暗长、积少成多、由感到悟、从量变到质变的过程。可见，对于儿童的语言学习而言，朗读何其重要！与直接的语文知识讲解、灌输相比，朗读在儿童语言的发展中有着无比巨大的优势，它与情、与美、与生命的活力相关联，它所生成的绝不仅仅是语言知识本身，而是儿童的生命整体。

我们知道，参与朗读活动的有人的视觉器官、听觉器官和发音器官，而大脑始终起着指挥和协调的作用。朗读的过程与感知觉、表象、想象、联想、情感等多种心理因素相关，而一般来说，声音信号又比文字信号更具有音乐性、形象性和感染性，所以朗读活动对儿童心智的发展是全方位的。比如，朗读能稳定并发展儿童的注意力；有声有色的朗读可以发展儿童的想象力，并使他们获得美的感受；有声语言的音乐性可以改善儿童阅读的心境，产生愉悦的体验；听读中的涵泳品味可以培养儿童的理解力、感受力，涵养其心灵；等等。在强调儿童素养全面发展的今天，我们相信，越来越多的教师、家长会认识到朗读对于儿童成长的重要作用。我们憧憬这样的景象：朗读与儿童越来越近，与教师越来越近，与家长越来越近，直至它融入我们的学习与生活。

所以，这套书期待的阅读对象是儿童，是教师，是家长，也是各类师范生。这套书的编写者来自首都师范大学初等教育学院，这所学院始终坚持以"面向小学、研究小学、服务小学"为办学宗旨，汇集了一批热衷于小学儿童研究、小学课程研究、小学教师研究的优秀学者和教师。参与本套书编写的几位教师，均为小学语文课程与教学理论和实践的研究者，长年行走于大学与小学之间，积累了丰富的理论基础与实践经验。我们愿意把这样的智慧和经验与儿童、教师、家长分享。并在此表示衷心感谢！

让朗读点亮语文课堂，让朗读滋养儿童心灵，我们一起努力！

孙建龙

2020 年 2 月 6 日

目 录

编写说明

序言

绪论

 一、感受朗读的魅力 /003
 二、认识朗读的意义 /004
 三、怎样才能读好 /006

朗读基本知识

第一章　文本解读与朗读 /011
 一、文本解读与朗读 /011
 二、文本解读是朗读的基础 /012
 三、朗读对文本解读有促进作用 /014

第二章 不同文体文本的朗读

一、诗歌的朗读 /018

二、记叙文的朗读 /022

三、小说的朗读 /025

四、寓言的朗读 /027

五、童话的朗读 /028

六、说明文的朗读 /030

七、议论文的朗读 /031

课文朗读指导

四年级上册课文朗读指导

第1课 观潮 /035

第2课 走月亮 /038

第6课 夜间飞行的秘密 /043

第9课 古诗三首 /048

   暮江吟 /048

   题西林壁 /051

   雪梅 /054

第10课 爬山虎的脚 /057

第12课 盘古开天地 /061

第16课 麻雀 /066

第18课 牛和鹅 /069

第26课 西门豹治邺 /075

五年级上册课文朗读指导

第2课　落花生　/081

第3课　桂花雨　/085

第13课　少年中国说（节选）　/091

第14课　圆明园的毁灭　/096

第16课　太阳　/101

第19课　父爱之舟　/106

第21课　古诗词三首　/112

　　　　山居秋暝　/112

　　　　枫桥夜泊　/115

　　　　长相思　/120

第23课　鸟的天堂　/123

第26课　忆读书　/128

六年级上册课文朗读指导

第1课　草原　/135

第5课　七律·长征　/140

第7课　开国大典　/146

第13课　穷人　/153

第17课　古诗三首　/163

　　　　浪淘沙（其一）　/163

　　　　江南春　/167

　　　　书湖阴先生壁　/170

第18课　只有一个地球　/174

第21课　文言文二则　/178

　　　　伯牙鼓琴　/178

　　　　书戴嵩画牛　/182

第22课　月光曲　/187

第24课　少年闰土　/192

参考文献

绪　论

绪　论

一、感受朗读的魅力

　　短文《公园里的花》中有这样一句："弟弟要摘花，姐姐说：'不要摘！不要摘！公园里的花是给大家看的。'"这里，书面文字传达的意思就是姐姐阻止弟弟摘花。当我们把姐姐的话读出来时，大家从有声语言的听读中自然会听出：不同朗读者口中的姐姐的个性特点（严厉、温和、急切……）和阻止弟弟摘花的原因（或重读"**大家**"强调花的所属，或重读"**看**"强调花的功用）的差异。由此就不难发现，有声语言（朗读）和无声文字间传情达意的区别。同样在《狐狸和乌鸦》中，乌鸦虽只有一句有声语言"哇……"但用声音呈现的时候同样存在着差异：在同样抬眉晃头的得意神态下，有的同学"哇"读得声音悠长，极尽得意、忘乎所以之势；而有的同学却得意地开口，"哇"声出口便戛然而止，传达的是乌鸦刚开口立刻意识到上当之意。从这里我们不难发现：文本的主基调是一定的，但在转化为有声语言的朗读过程中，以声传情的效果又是个性化的。不借助有声语言（朗读），单从纸面上的文字很难将个性化的理解生动传神地表达出来。

　　所以，张颂先生说："朗读绝不是见字发音的直觉过程，而是一个有着复杂的心理、生理变化的驾驭语言的过程。"①

二、认识朗读的意义

"讲解是分析，朗读是综合；讲解是钻进文中，朗读是跃出纸外；讲解是摊平、摆开，朗读是融贯、显现；讲解是死的，如同进行解剖，朗读是活的，如同赋给作品生命；讲解只能使人知道，朗读更能使人感受。因此，在某种意义上讲，朗读比讲解更重要。"②

朗读，可以增强朗读者对母语的感情，帮助朗读者认识文本。汉字，是音、形、义的结合体，其特有的四声，使它具有独特的韵律美。文字放在纸上，没人读就只是文字。而有人把自己的理解读出来了，读出了抑扬顿挫的韵律美，读出了字里行间的情感美，就能赋予文字以灵动的生命。"一去二三里，烟村四五家，亭台六七座，八九十枝花。"就是在这充满韵律的抑扬顿挫的朗读中，母语的美妙与魅力感便潜滋暗长了，从而增强了朗读者品味母语、运用母语、借读传情的情感体验。

朗读，可以使朗读者和听读者增加对文本的理解、体验，生成高品位的语感。叶圣陶先生的《瀑布》以简短的诗句描绘了瀑布的雄伟壮丽。第一小节："还没看见瀑布，先听见瀑布的声音，好像叠叠的浪涌上岸滩，又像阵阵的风吹过松林。"从声音写瀑布：未见瀑布，先闻其声。在读后两句时，朗读者和听者都要充分调动听觉想象。朗读者若声音舒缓柔和，传达的是和风细浪的感觉；反之若气粗声重，则传达的是狂风巨浪之感。朗读者若在"好像""又像"后面用拖音

---

① 张颂.朗读学[M].北京：中国传媒大学出版社，2010：7.
② 徐世荣.谈谈朗读教学[M].石家庄：河北人民出版社，1964：3.

延长，则传达的是诗人在想象、在体会、在寻找恰当词句来表达的感觉。可见，朗读时文本的词语概念、语法修辞、构思布局、情景描写、逻辑顺序、韵律配置……总是十分具体地启迪着我们的思路。用有声语言表达时，就会想办法运用各种技巧，尽可能完美地表达文字作品的精妙。这种对语言表现力的要求，对我们从事文字写作，抑或对有声语言的表达，都起着自觉学习运用和潜移默化的作用。久而久之，自然地就贮存了许多可资借鉴、可供表现的手段。

朗读，可以提高口语和书面表达的能力。在前面两点的基础上，朗读者与听读者的审美品位和语言感受力会大大增强，语言表达能力自然会提升。朗读，连接着字、词、句，连接着阅读、表达和写作，连接着学生的情感、态度、价值观。实践证明，凡是喜欢朗读的孩子，其书面表达和口语表达的能力都不会差。"于是，朗读多少篇之后，朗读多少次之后，那潜移默化的成果就会日益显露出来；不但可以在自己写作时模仿、消化那文笔，还可以在说话时对照、应用那辞章，从而使我们的思维缜密、情感丰富，文字表达和口头表达趋于准确和生动……写作、说话、朗读等的表现力必然明显提高。……语言表现力提高，完全可以使'下笔千言，倚马可待'或'七步为诗，出口成章'的阶段尽快到来，到那时，更高水平的朗读便会出现了。这样，听、说、读、写相辅相成、相得益彰，我们的语言表现力便纵横驰骋，无往而不适了。"①

---

① 张颂.朗读学[M].北京：中国传媒大学出版社，2010：31.

三、怎样才能读好

怎样才能读好，是所有语文教师面临的实际问题。我们认为：一方面指导者文化素养、审美感受要不断提升与强化；另一方面，要善于对学生予以指导、点拨。这里，不妨借助孙建龙老师分析的一个案例[1]进行思考。

学习《王冕学画》时，老师叫学生画出其中描写荷叶、荷花的句子与词语，接下来组织学生以竞赛的形式看谁读得最棒。前两个同学读得都不错，第三个同学是个女生，她的朗读没能得到老师的认同，在老师的指点和鼓励下，这个女生又读了一遍，但和前一遍相比仍然没有什么大的变化，女生低下了头。老师也显得有些失望，但马上调整了一下自己的情绪，说："没关系，咱们听听其他同学是怎样读出这种喜爱的感情的。"

我们不妨深入思考一下：她为什么读不好呢？

思考之一：朗读须"心到"。欲"心到"，则须进入文本，揣摩词句，才能体会出情味，产生语感，才能激起学生鲜明的"内心视象"，引起内心感受与情感共鸣。在此基础上，"对荷花的喜爱之情"才有可能通过朗读表达出来，即只有"读进去"，才能再"读出来"。该女生很有可能还没有达到"心到"，老师也正应该在这方面用力才是。跨过了这样一个关键程序，直接由文字到朗读，感情从哪里出来呢？须知，朗读中的"有感情"绝不是对文字本身"一顿一重"的技术处理就能解决的。

---

[1] 孙建龙.她为什么读不好——对一个朗读指导过程的反思[J].语文教学通讯，2005 (1).

思考之二：触其感受。读，不能单从语言、文字上去揣摩，而应当把生活经验联系到语言、文字上去。只有文本内容联系或引发了儿童某一方面的生活经验，才能触动个体心灵并产生独特的感受，朗读才会有味道。该女生之所以读不出"喜爱之情"，原因可能有二：第一，文章没能引起她生活经验的再现，比如她记忆中原本就没有"荷花"这一表象，这就需要老师借助图片、想象等帮她建立起这样的表象，进而去感受荷花之美，当然也可以借助她喜爱的其他事物将情感"迁移"到朗读指导中来；第二，"荷花"虽然引发了她的生活经验，但这个经验可能是痛苦的，至少不是美好的，而这又直接影响到了她的审美情趣。因此，朗读中的"有感情"不单纯是文章本身所要传达的感情，也非老师所认定的某种感情，而是一种由文字所引发的个体的心灵波动。认识到了这一点，才有可能在朗读指导过程中充分引发、调动起主体的真实情感体验，才能做到尊重个体的独特心理感受，也才能避免整齐划一乃至矫揉造作。

思考之三："好"与"不好"的标准。如果这个女生平时就不善言谈，朗读基础也比较差，那么与其之前的朗读相比，今天有这么多听课的老师在场，她的朗读也许就能称得上是"好"，是"进步"，关键是这"好"与"不好"的标准应该从哪些角度去思考。面对一篇文章，老师在指导学生进行朗读之前，脑子中已有了一个"先在"的标准，这个"先在"的标准就成了衡量同学朗读"好"与"不好"的指标，而这个标准恰恰是从课文本身、从老师的审美感受出发制定出来的，并没有或很少从学生的角度出发去思考。因此，朗读指导过程中的评价要考虑到学生个体的因素。而尊重个体的情感体验也并不意味着朗读中"有感情"这一要求就没有了一个大致标准。事实上，每一篇文章都有它的感情基调，朗读还是要立足于文本，读出这感情基调，只是我们不能用整齐划一的"模子"自上而下地套在所有学生的身上，而是要给予他们充分的理解和有针对性的审美情感引导。

  思考之四：朗读指导的"形"与"神"。朗读自然需要一定的技巧借以准确地传达出内心的情感，这是朗读指导中"形"的问题。但倘若朗读者并没有被文本唤起内心的情感波动，只靠"轻、重、停、连"等技术行为去支撑整个朗读过程，这样的朗读对孩子语文素养的影响则微乎其微。这个朗读指导过程中，教师的着眼之处更多停留在技术层面，欠缺的恰恰是"神"，这种缺乏情感引导的朗读自然就成了无源之水、无本之木。长此以往，朗读就会沦落成为一种充满着矫揉造作"伪情感"的机械模仿。古人道："强哭者，虽悲不哀；强怒者，虽严不威。"只有"情动于中"才能"声形于外"，由此我们应该认识到，朗读指导表面上看起来是一个技术问题，其实则在其"神"，它应该是一种精神与情感的导航。

  朗读，是语文教学的一个重要手段。书声琅琅的课堂，才是遵循了语文教学规律的本真课堂。但朗读能力与朗读指导能力的提升非一朝一夕之功，这是一个循序渐进、持之以恒地品味文本、体会感情并能以声传情的过程。

朗读基本知识

语文教学的目的是让学生能够借助语言和文字的形式表达思想且能与他人交流。而对各类体裁的优秀作品的阅读、理解和吸收,正是一种最有效的借鉴和训练方式。阅读既要看,看懂文字,理解内容;更要读,用有活力的口语吸收文本的精华和魅力。只有阅和读结合,学生的语文能力才是完整无缺的,母语的力量才能从学生身上显示出来。

理解文本作者所表达的思想感情,这就是阅读教学中的文本解读,是朗读作品的前提。朗读是从口语进入书面语的桥梁,进入文本最直接的方法是朗读,在朗读中认读文本的语言文字,在朗读中体验作品的思想感情。

文本既是阅读的对象,也是朗读的凭借。不同文体的文本,有着不同的结构图式和表达目的,当然也就有着不同的朗读要求。

一、文本解读与朗读

（一）文本解读和朗读

朗读是把书面语言转化为口头语言，最终以有声语言来表情达意的活动。具体来说，就是朗读者以有声语言的形式，参照文本，借助声音技巧来理解文本和表情达意的再创造过程。

文本在英语里是 text，在词源上与编织物（textile）有关系，文本也可以说是一种编织体。法国哲学家、美学家利科尔指出："'文本'就是任何由书写所固定下来的任何话语。"[1]一部书，一篇文章，一段记载，或者一句话，都可以称为文本。解读是人类普遍意义的行为，是对文本内涵的理解与追寻，"从内涵上看，是对作品文本的理解、解释和建构；从属性上看，是主体间的对话和交流活动"[2]。

（二）阅读教学中的文本解读和朗读

小学语文阅读教学，就是学生与文本的对话、与教师的对话，达到学生能够自行体会和感悟文本中所

---

[1] 蒋成瑀.读解学引论[M].上海文艺出版社，1998：6.
[2] 曹明海.文学解读学导论[M].北京：人民文学出版社，1997：19-20.

蕴含的意义与情感、形成阅读能力的过程。

小学语文阅读教学中的文本即语文教材中的课文。语文教材是静态的文本，教师需要带领学生分析、理解文本，引导学生去探求作家的写作意图和文本所传达的基本内涵。教学中的文本解读是指教师、学生与教材中的文本进行对话的过程，在阅读教学过程中对文本进行分析，走近作者，形成自己对文本的理解，实现与作者的交流。

朗读是阅读的一种重要形式，是将文字转换成声音的阅读活动。在小学阶段，通过朗读各类语文教材中的文本，学生可以掌握基本的字音、字义，理清文章的脉络、结构和顺序，对思维能力的培养也起到促进作用，同时有利于提高自身的审美情趣。通过朗读和欣赏美文，学生可以被文字带入美的情境中去，根据自身的理解去发现美，体验美。

在语文阅读教学中，朗读与文本解读是相辅相成的关系。

二、文本解读是朗读的基础

语文阅读教学在很大程度上就是解读文本，学生对文本的理解、感受和情感体验是提升阅读能力的有效途径，文本解读的角度、深度和广度直接影响到一节阅读课的成败。在初读阶段，学生可以只是"见字发声"，扫清不认识的字词，基本理解文本内容。接下来是精读阶段，教师要引导学生激活已有的生活经验，把文本与自身生活经验结合起来，通过学生的自主阅读，理解和体验文本的精髓。因此，文本解读不仅是语文教师的基本功，而且对学生阅读能力的提高有重大意义。

（一）识认文本的文字，是朗读的起点

浅层次的文本解读是存在于感官上的活动，对语言文字符号的认和读是这一阶段的主要任务。所以，识字是语文学习的起步阶段，而对于识字量少、还未接触到正式教育的孩子来说，识字更是阅读的起点。孩子步入小学后，首先学习的是辅助识字的汉语拼音，然后借助拼音开始识字、组词、造句，进而从视觉和听觉两个方面在大脑中建构对文字的理解。

同时，这也是朗读的起点。学生只有熟记字音、识记字形、了解字义之后，才能眼睛看着文本，大声地读出字音，形成对文本内容的理解。也就是说，只有眼睛先看懂文本，嘴巴才有可能读好文本。

（二）理解文本的内容，是朗读的基础

朗读不同于一般的读课文，而是要通过声音的抑扬顿挫来表情达意，要做到这一点，就要由浅层次的文本解读走向深层次的文本解读。深层次的文本解读是从字词句的认识进入到理解文本整体的阶段，需要学生在掌握一定词汇量的基础上，结合头脑中储存的经验材料，动用想象、联想等阅读手段对文本信息进行检索筛选，把握作品的思想内涵和写作特点。学生只有对文本有透彻的理解，才能对文本有深切的感受，才能准确地掌握文本的朗读基调与节奏，正确地用声音表现文本的思想感情。也就是说，只有先在大脑中建构了文本内容，在心理上感悟了文本情感，才能用朗读的声音传达出这些情感。

要透彻地理解文本，首先，要读懂文本内容，弄清文本的段落结构、人物关系、情节发展，朗读时才能用不同的声音形式表现出来。其次，

要深刻理解文本的思想内涵和情感走向，才能在朗读时选择恰当的语速、重音等朗读技巧，读出文本的精髓。第三，还要熟悉不同体裁文本的特点。比如抒情性作品，应着重熟悉其抒情线索和感情格调；叙事作品，应着重熟悉作品的情节与人物性格；议论文，需要通过逐段分析理解，抓住中心论点和各分论点，明确文章的论据和论述方法；说明文，要抓住说明的对象、说明次序和说明方法；等等。不同体裁的文本，有着不同的朗读方法。

三、朗读对文本解读有促进作用

（一）朗读的语感可以丰富文本的语言形象

在朗读过程中所形成的语感是对书面语言、口头语言的直觉感受。语感是可以通过言语实践活动和思维训练来培养提升的。对于文本语言的理解，不同语言感知力的学生会有理解上的差异。朗读是把书面语转化为有声语言的一种形式，这里的有声语言是以相关书面语为基础的，是用饱含情感的声音把文章的内涵传送给听者的一种形式。学生在拿到一份文本时，要寻找文字背后更深层次的含义，这样才能使朗读更具感染力和说服力。而文本是作者表情达意的载体，朗读是随文本的感情分配而变化的，声音就是展现情感的窗口。一般而言，有两种相对立的感情色彩：愉悦的和紧绷的。对于愉悦的感情，比如温柔、喜悦，这时的语气应是声音徐缓中带着丝丝高亮，气息饱满而又舒缓，似有一汪清泉顺势涌出之感。对于紧绷的感情，比如悲痛、发怒，这时的语气应是声音急促中带着凝重之感，气息沉缓而又细长。这两大类感情色彩经常是交错进行的，标志了文本的语言形象。

（二）朗读的语气可以辨识文本的感情基调

朗读时所运用的语气首先要由文本来决定，不同的文学体裁以及文本中所蕴含的思想内容的差别，都是朗读者朗读时要注意的内容。如根据朗读时的语气差别，可以判别文本的基本感情基调。

比如在小学阶段，古诗多是五言和七言的绝句。古诗在朗读时，因其独特的文本特点，每句中间都有一个停顿点，而且语气稍缓，让听者可以有充足的时间去体会字字珠玑的妙义。小学教材中常见的古诗类型有送别诗、边塞诗、山水田园诗、咏物诗等，不同种类的古诗作者所要表达的思想感情不同，有悲有喜，有惆怅也有欢乐，学生朗读时所运用的语气可以展现出古诗的特点。例如乐府民歌《江南》描绘了一幅江南水乡水草丰美、渔民惬意生活的画面："鱼戏莲叶间。鱼戏莲叶东，鱼戏莲叶西，鱼戏莲叶南，鱼戏莲叶北。"这五句在朗读时声音是轻快明朗的，朗读的速度可以适当加快，带着喜爱的神情把鱼儿的畅然遨游表现出来，可以由此看出这首《江南》的感情基调是欢快明畅的。而柳宗元的《江雪》是一首抒情诗："千山鸟飞绝，万径人踪灭。孤舟蓑笠翁，独钓寒江雪。"朗读时，语气应是稍低沉缓慢，学生自然能在这暗沉的语气中读出诗中的沧桑寂寥之感，体会这寥寥二十个字所表现出的诗人孤寂与怅然若失之情。

（三）朗读的停顿可以表现文本的语义内涵

停顿是指声音的间歇，是符合朗读者和听者生理、心理需要的一种手段。读者在朗读文章时，如果缺乏相关字、词、句间的停顿，不仅会造成读者和听者的身心疲累，而且会影响读者对文章的意义和思想情感的传递。

停顿包括逻辑停顿和感情停顿。依据所要表达内容的不同,停顿有不同的方法技巧。逻辑停顿是指受约定俗成的语言习惯的限制而产生的声音中断,这种语言逻辑既包括口头语言的语音、语流的特点,也包含书面语言的规则。在这样的情况下,停顿要顺畅、自然,在符合规则的范围内发挥其应有的作用。与逻辑停顿相比,感情停顿不受语言规矩的制约,是因文章和读者情感表达的需要而产生的,由感情成分的分配来决定停顿时间的长短,用无声的停顿来表现有情的联系,达到声断意连且情长的效果。朗读间的停顿可以达到声和义的和谐结合,例如《盘古开天地》中"巨人见身边有一把斧头,就拿起 / 斧头,对着眼前的黑暗 / 劈过去,只听见 / 一声巨响,'大鸡蛋' / 碎了。轻而清的东西,缓缓上升,变成了天;重而浊的东西,慢慢下降,变成了地"。这几句朗读需注意停顿和轻、重音的问题。"拿起"用加重音和停顿表现盘古的果断、力气之大,"劈过去"是和"拿起"相对应的重音词,以加强语气。"缓缓""慢慢"作为轻音处理,一是和"巨响"相对应,达到声音的起伏感;二是以轻巧的声音表示黑暗缓慢散去,光明的世界来临的意义。

(四)朗读的节奏可以体现文本的感情起伏

节奏是"有声语言的运动形式"[①],这种运动形式是基于思想感情的波动起伏而形成的。节奏是利用音高、音强、音色、音长四要素的协作来共同展现作品的情感变化的,既需要表现语音上抑扬顿挫的

[①] 赵玉明,王福顺. 广播电视辞典 [M]. 北京广播学院出版社,1999.

特点，也需要突出整篇文章情感上轻重缓急的排列特征，其形式是多样化的。

　　节奏的作用是不可忽视的。朗读者可以通过节奏的展现带领听者进入特定情境，感染听者。节奏主要有轻快型、低沉型、强疾型、舒缓型四种，这几种类型都是由语音四要素通过快与慢，抑与扬，轻与重，虚与实的变化配合而形成的。这几种节奏的运用既要符合文本自身的特点，也要适合文章的情感基调，例如《太阳》："如果没有太阳，地球上将到处是黑暗，到处是寒冷，没有风、雪、雨、露，没有草、木、鸟、兽，自然也不会有人。"这句话中的重音有"太阳"和并列性重音"风、雪、雨、露""草、木、鸟、兽"，轻音有"黑暗、寒冷、人"。轻、重音的结合朗读，让学生能够真切体会到文本感情的起伏。又比如："再见了，亲人！我的心永远跟你们在一起。"这句话的重音是"再见了""永远"，轻音是"亲人""我的心"。从这两个例子中可以看出，一句话中轻音和重音总是相伴出现的，轻音表现沉重苍凉之感，重音表现挺拔坚实之意，两者相互配合能够更好地造成朗读的节奏感。朗读的节奏与文本自身的节奏相契合，能够共同传达文本的内涵。

第二章 不同文体文本的朗读

文字作品的体裁不同,对朗读的要求也不同。这里,简单谈谈小学语文教材中几种常见文体的朗读。

一、诗歌的朗读

澎湃的激情、丰富的想象、深邃的意境、和谐的旋律、精练的语言是诗歌的特色。按不同的标准,诗歌有不同的分类,如叙事诗和抒情诗、格律诗和自由诗等。不论朗读哪一种诗歌,都要读出诗情画意,给人以美的享受。

诗歌的朗读,首先要求朗读者深入体会诗歌的内容和诗人所要表达的情感,把文字所激发的朗读者的情感和诗人所抒发的情感相融合;其次要求朗读者依据诗歌语言跳跃性强的特点,把诗中内在的情感借助自己的语调表情沟通起来;最后,要读出节拍韵律,以体现其音乐美的特点。

(一)古诗的朗读

小学语文教材中的古诗,一般是五言、七言的绝句和律诗。

绝句,又称"截句",为截取律诗一半之意。五言绝句每首四句,每句五字,共二十字;七言绝句每首四句,每句七字,共二十八字。

"格"为格式,"律"为声律,包括平仄和押韵。

格律诗，对字数、句数、平仄、押韵和对仗，都有严格的要求。律诗，有五言、七言之分。五言律诗为每首八句，每句五字，共四十字；七言律诗为每首八句，每句七字，共五十六字。

古诗讲究平仄，注重对仗，注意押韵，有自己的声律美和形式美。所以，划好语节（即音步，用"/"表示音步）是古诗朗读的重要一步。语节，类似于音乐中的节拍，既可以表现诗歌思想感情的运动，又可以调整语流速度。张颂先生在《朗读学》中指出，从朗读的角度，五言诗句一般化为两个语节（中间一顿），七言诗句一般化为三个语节（中间两顿），更便于体现诗境，展现诗情。押住韵脚，则是读出古诗音乐美的关键。所谓韵脚，指的是诗句末尾韵母相同的字。朗读时必须给韵脚以呼应，即使韵脚不是重音的诗句，也要适当地比其他音节读得响亮些。因为韵脚的呼应，既可以彰显语气，又可以烘托基调，更可形成回环往复的节奏美。例如：

春　晓

孟浩然

春眠 / 不觉晓，

处处 / 闻啼鸟。

夜来 / 风雨声，

花落 / 知多少。

送元二使安西

王　维

渭城 / 朝雨 / 浥轻尘，

客舍 / 青青 / 柳色新。

劝君 / 更尽 / 一杯酒，

西出 / 阳关 / 无故人。

从朗读的角度看，这样处理语节，既能完整、清晰地体现诗意，朗读起来又不会过于死板。同时在朗读时，因为"晓""鸟""少"，"尘""新""人"分别为韵脚所在，读时字音要适当延长，以体现格律诗的音韵美和节奏感；再结合诗人当时所抒发的情感，配以相应的语调，诗情的传达会更有魅力。

（二）新诗的朗读

新诗主要指五四以后出现的现代诗。比起古代格律诗来，新诗在朗读上的确可以自由些，但毕竟是诗，所以其抒情性、节奏感要表现鲜明，不能读成散文。小学语文教材中的新诗，以现代儿童诗居多，所以要读出儿童情趣和特点来。

要朗读好新诗，首先要确立诗歌的感情基调，其次要根据情感把握节奏，最后才是运用声音技巧。

1. 确立诗歌的情感基调

明确诗歌所抒发的思想感情，以及感情中所蕴含的喜怒哀乐的情绪。徐志摩的《再别康桥》结合其经历和创作背景，不难看出其抒发的是对康桥这一精神依恋之乡的惜别之情，全诗七节却用了四节的笔墨写康桥的美景，但基调仍是落在"愁"上，是因"别"而生的离愁。诗人的高明之处就在于：以乐景衬离情。把握了这种情感基调，就不会以小清新的轻快来朗读了，一定会更侧重深沉情感的传达。

2. 依据情感，确定节奏

节奏包括朗读时声音的抑扬、顿挫、高低、虚实、快慢所交织形成的回环往复。确定了《再别康桥》的情感基调，就会在首、尾两节轻缓、深情地朗读，以表现"惜别"之情；而在中间四节则会语速稍快，语调稍扬，以表现诗人与康桥美景"天人合一"的境界；在第六节，会完成从前面较轻快的节奏向结尾依依惜别的过渡；全诗结构清晰，感情复杂。

《我们爱你，中国》的作者以饱含激情的笔墨赞美了祖国的博大辽阔、美丽富饶以及悠久的历史和光辉的成就，抒发了对伟大祖国无比热爱的感情。第一小节是全诗的引入，所以语速要稍慢，感情要饱满。第二小节表现祖国山川的秀美雄伟，所以声音体现阴柔之美与阳刚的色彩的转换自如。第三小节赞颂了祖国的名特产品，朗读时要着重动起嗅觉、味觉、视觉感受，仿佛闻到了、尝到了、看到了这些精美的特产……第七小节是全诗的总结，对祖国的热爱赞美之情到达顶点，结尾句"我们爱你啊，中国！"中的"中国"两个字可以略拖长，读成"中－（用'－'表示延长音）国－"，但是气息和音量都不能减弱，而是渐强式，在最强音处戛然而止，令人感情澎湃，心潮起伏。

3.依据情感，运用声音技巧

所谓声音技巧，是指朗读时声音的停连、重音、语调、语气等运用的方法。如《再别康桥》首、尾段中的"轻轻""悄悄"，虽为重点强调的词语，但依据诗歌意境、情感来说，却不能重读，也不能单纯地重复，要放慢语速，稍稍拉长，同时结合每一句的抒情，快慢上略有变化：第一个"轻轻"轻缓、深沉；第二个"轻轻"则有故地重游的期待，略比第一个轻快；第三个"轻轻"，分别在即，感情更深沉，惜别感要较前两个强。

小学语文教材中的儿童诗，多为昂扬向上的情感、愉悦欢快的节奏、结尾上扬的语调，朗读时一定要关注到这些因素和儿童的心理特点，既要读出情感，又要读出儿童情趣。如《雪地里的小画家》中的"下雪啦，下雪啦！"写出了孩子见到雪时的欣喜与欢快，多是兴奋喊出的，但不是扯着嗓子喊，所以指导学生结合实际生活来体会和表现，效果更好。当描述完各种"小画家"的画作后，"青蛙为什么没参加？他在洞里睡着啦"充分表现了孩子们的好奇和找到答案后的自得。那疑问感，要用上扬的语调呈现；回答时，则用轻轻的、怕吵醒青蛙的语气，会很好地传达出文本所蕴含的感情。

二、记叙文的朗读

记叙性散文，无论是记人、叙事、写景、状物，总要抒作者之情，给读者以启迪，其主题总是蕴含在行文之中的。

（一）叙事性散文的朗读

1. 理清脉络，把握情感

记叙文的情感，是通过所写人、事、景、物向读者传达的。记叙过程中，总有开头、结尾，事件也总有发生、发展、高潮和结局，这就是脉络。朗读前，把握作者的思路并把它与朗读者的感受结合起来，有利于朗读时突出重点，并能以声音为媒介，沿着记叙情感的脉络，为听众做好理解文本的向导，使听者在不知不觉中，承受着作品立意的滋润。开头用慢速，多停顿，使听众听得清楚明白；中途娓娓道来，要从容不迫；关键之处要运用重音、停顿引起听众的注意；高潮之处，要用节奏和语速的变化来体现，否则就会显得平淡无奇了。

2. 依据性格，塑造人物

记叙中如果有人物出现，就要用声音来塑造人物形象。要把握中心人物、一般人物的精神境界、思想深度，要关注到人物的性格特征，甚至年龄大小以及人物间的关系。特别是对话，必须立足人物性格，不能单纯模拟。在此前提下，读儿童、年轻人，要提高声音频率；读老人，要降低声音频率；人物的喜、怒、哀、乐都可以用嗓音来表现。

3. 表达得当，渲染气氛

叙事性强的记叙文会有气氛问题。朗读时，要用不同的嗓音来表现或轻松愉快、或沉重不幸、或富有哲理、或幽默风趣的气氛。例如《齐白石买菜》说的是老画家齐白石想买点儿白菜，卖菜的小伙子认出了他，提出要用画来换的故事。情节充满轻松愉快的气氛，要用明亮的嗓音、跳跃的节奏来朗读。气氛类似于感情基调，是自始至终贯穿整个作品的。

4. 声音轻缓，娓娓道来

"记叙文的立意是自然显露的，听者是在因势利导中受到感染的。因此，从整体上看，高音大嗓和气粗声重的朗读，总觉不合文气。"[①]因此，声音要舒缓不迫，像和朋友谈心一样娓娓道来，不带任何强制性。

下面以《齐白石买菜》[②]为例，讨论记叙文的朗读：

一天早晨，齐白石上街买菜，看见一个乡下小伙子的白菜又大又新鲜，就问："多少钱一斤？"小伙子正要答话，仔细一看，心想：哦！这不是大画家齐白石吗？就笑了笑说："您要白菜？不卖！"齐白石一听，不高兴地说："那你干吗来了？"小伙子忙说："我的白菜用画换。"齐白石明白了，看来这小伙子认出他了，就说："用画换？可以啊，不知怎样换法？"小伙子说："您画一棵白菜，我给您一车白菜。"齐白石

---

① 张颂. 朗读学[M]. 北京：中国传媒大学出版社，2010：212.
② 节选自希瑞老师的博客 http://blog.sina.com.cn/zhaohuaxis (2012-04-06T 21:13:03)，有删改。

不由笑出了声:"小伙子,你可吃大亏了!""不亏,您画我就换。""行。"齐白石也来了兴致:"快拿纸墨来!"小伙子买来纸墨,齐白石提笔抖腕,一幅淡雅清素的水墨《白菜图》很快就画出来了。小伙子接过画,从车上卸下白菜,拉起空车就走。齐白石忙拦住他笑笑:"这么多菜我怎么吃得完?"说着,就只拿了几棵白菜走了。

这个故事轻松活泼,富有生活气息,体现的是大画家和普通百姓间相互尊重、信守承诺的优秀品质。因此我们可以娓娓讲来,不需要夸张。这样,故事的背景和气氛(生活中常见的菜市场)就出来了。从故事的脉络来看,开始是普通的问价,接着小伙子认出了大画家,情况有了变化:不卖—要换—成交。又分为以下几个小阶段:

(1)小伙子认出:"正要答话……齐白石吗?"用低声表示内心活动。

(2)欲擒故纵:"就笑了笑……不卖!"扬声,故作冷淡,"卖"可重读,为后文"换"做铺垫。

(3)齐不高兴:"齐白石一听……干吗来了?"声音低沉,稍重,表示老人因当真而不高兴。

(4)小伙子解释:"我的白菜用画换。"语调下抑,表示诚恳,"画"后略停顿,以示强调;"换"可重音处理,与前文"卖"形成对应。

(5)老人明白:"齐白石明白了……不知怎样换法?"先抑(不卖)后扬(同意换)。

(6)商量办法:"小伙子……""行"松弛自然,生活化,"一棵""一车"要重读,体现对比,表现幽默风趣的场景。

(7)画画过程:"齐白石也来了兴致……画出来了"是故事的高潮,声音明快,体现一挥而就。

(8)取菜结束:"小伙子接过画……就只拿了几棵白菜走了"尾声,恢复平和自然的语气。

(二)抒情性散文的朗读

抒情性散文大都是轻轻挥洒美的情愫,基调舒缓,即使是情感高潮,也不会异峰突起、慷慨激昂,故宜用中等的速度、柔和的音色,一般用拉长而不用加重的方法来处理强调重音。如朱自清的《春》:

《春》描写春天:"风轻悄悄的,草软绵绵的。"可用相同的语调来读。赞美春天,发出"一年之计在于春"的感叹,基调是热情、愉快的,应用明朗、甜美的嗓音读。文章中虽然有山有水,有花有鸟,还有人,但是这些都不是具体的特指,在朗读时,可以作者的感受为线。开始是一种殷切期盼的情感,在朗读"山朗润起来了,水涨起来了,太阳的脸红起来了"时,要把三个层次和春天越来越近、人们越来越欣喜的心情读出来。中间,从各个方面描写春天,表现对春天的热爱,可放慢速度、降低音量把抒情和描写区别开来。最后赞颂春天,用"娃娃、小姑娘、青年"来比喻春天,体现了人们对新的一年的憧憬和希望,情感语调也随之转向高昂,音量和语速也应随之步步提高。

三、小说的朗读[1]

小说有情节、人物、环境,读好小说的关键是表现典型环境中的典型性格,如果是长篇节选,一定要放到全篇中加以体会。

---

[1]此处参考了张颂先生《朗读学》中的主要观点。

（一）抓住核心，深化感情

不管什么小说，总是围绕一个主题，展开情节，刻画人物，给人以形象的感染。因此一定要抓住主题，才不至于陷入某一个具体情节中去，才会把具体的情节连接成为一个内在的整体。深化的感情，会帮助朗读者摆脱单纯地刻画人物形象的误区，从而理智地对待人物形象，并以符合生活逻辑的方式把人物形象丰满地展现出来。

（二）把握对话，塑造人物

语言表达时，要根据小说通篇对人物的介绍、描写，抓住其性格特征，要从多个侧面、多个细节，从"外形"到"内心"把握人物，设计出人物的基本语气。还要注意人物语言的对象感、空间感、呼应感，对话人之间的关系，问答人之间的呼应等。要设身处地、再现情景，将其个性特点表现于声音之中，传达给听众。

（三）把握基调，变化节奏

情节是小说的基本构成因素，小说的情节非常复杂，要想准确地表达，就必须抓住情节主线，准确地确定情感基调，以便在一定基调的范围内适当进行高低、快慢、强弱、虚实的声音变化。下面以《少年闰土》为例，谈谈小说的朗读。

《少年闰土》通过"我"对故乡的回忆，刻画了一个见识丰富而又聪明能干、机智勇敢的农村少年——闰土的形象，反映了"我"与闰土儿时短暂而又真挚的友谊以及对他的怀念之情。课文先描绘了

"我"记忆中的闰土看瓜刺猹的情景,叙述了"我"与闰土相识、相处的过程;重点写了闰土给"我"讲雪地捕鸟、海边拾贝、看瓜刺猹和看跳鱼儿四件事,最后写"我"与闰土的分别和友谊。课文一开始,在闰土看瓜刺猹的场面中,少年闰土的形象深深地烙印在读者的脑海里。朗读时一定要把握住少年闰土的形象特征,突出他的可爱、博识与单纯。这里的闰土,是要与三十年后再相见的中年闰土形成对照的。三十年后,不论是外形还是内心,闰土巨大变化所形成的强烈落差,会促人深入思考:三十年来是什么改变了那个"少年英雄"的形象?课文中每一个环节中少年闰土的表现、语言,与环境和"我"的关系,都要仔细体会,才能准确突出少年闰土的可爱,以至于放到整篇小说中,才能更好地去把握小说的情感。至于课文中作者笔下的闰土与"我"的对比,只是为表现闰土的可爱做衬托并不需要特意强调。学生理解认识了课文中的闰土,教师再推荐六年级的孩子去阅读原文,便可以加深对闰土形象与小说主题关系的认识。

四、寓言的朗读

寓言,通常由故事和教训两部分构成,而故事中又常常出现拟人化的动物,凭着其短小精悍、通俗易懂、巧语启悟、以小见大的特点,特别受孩子的欢迎。因此,朗读者既要有讲故事的投入,努力把握形象体态的丰富,又要有说道理的冷静。朗读时从感情到外形都"化"成了寓言中的某个动物,一旦要以作者的身份讲道理时,定要及时拉回。如《狼和小羊》:

狼来到小溪边,看见小羊在那儿喝水。

狼很想吃小羊,就故意找碴儿,说:"你把我喝的水弄脏了!你安的什么心？"

小羊吃了一惊，温和地说："亲爱的狼先生，我怎么会把您喝的水弄脏呢？您在上游，我在下游，水是不会倒流的呀！"

狼气冲冲地说："就算这样吧，你总是个坏家伙！我听说，去年你经常在背地里骂我，是不是？"

可怜的小羊喊道："啊，这是不可能的，去年我还没出生呢！"

狼不想再争辩了，大声喊道："你这个小坏蛋！骂我的不是你就是你爸爸，反正都一样！"说着，就往小羊身上扑去……

朗读时，开头不能平铺直叙，对于人、事、物一定要非常鲜明地交代出来。两个主角，要用重音突出，要显示狼凶狠残暴、羊善良弱小的不同的本质特征，语速较慢。对话的情节要以第一句对话为基础，用语气表达出狼和小羊的本质区别，在对比中层层推进。小羊的理由越实在、充足，狼的贪婪的欲望便越强烈。所以小羊的"喊"一定不会像狼那样大喊大叫。

五、童话的朗读

童话世界，瑰丽而生动。在童话作品中，日月山川、花鸟虫鱼、风云雷电都被赋予了人的性格，人的感情，以其鲜明的形象性和拟人性而受到孩子的欢迎。童话的朗读，除了要用规范的普通话和适当的语言技巧外，还应做好以下三个方面：

（一）要用亲切自然的语气，努力适合儿童幼稚好奇的心理状态

如《小蝌蚪找妈妈》的开头："池塘里有一群小蝌蚪，大大的脑袋，

黑灰色的身子，甩着长长的尾巴，快活地游来游去。"朗读时语音要亲切，语调舒缓，语气新奇。"大大的脑袋，黑灰色的身子，甩着长长的尾巴"三个短语突出的是小蝌蚪的特点，可用拖音连读下来，中间不必停顿且朗读速度可逐渐加快，这样，不仅可以使听者对小蝌蚪的形象有一个完整的认识，还可以使他们感受到小蝌蚪的灵动与多姿，自然地沉浸到喜闻乐听的情趣之中去。

（二）要体现不同角色说话的音色特点

童话中的角色，是非常有魅力的。为了帮助学生理解角色，把握特点准确朗读是十分有意义的。如小蝌蚪在找妈妈过程中遇到了鲤鱼、乌龟、青蛙，他们分别会以什么语气和小蝌蚪交谈？一次次的失望中，小蝌蚪心情的变化和说话的语气，都要帮助学生仔细揣度、认真传达。当学生能够确定某一句话的感情后，其分析能力和对生活的感受性会大大加强。

（三）把握好感情基调，表达出朗读者的态度

童话内容中都会有是非、爱憎的情感，朗读时必须把握住作者的情感基调，结合朗读者的独特感受加以传达。如《狐狸和乌鸦》中，只有帮助学生充分认识作者对狐狸狡猾、乌鸦爱听奉承话的特点的揭示，他们才能在朗读时准确表达。相反，如果老师对孩子"狐狸善于动脑筋，我要向他学习"的认识不加以纠正，孩子读出来的感觉一定会和原文的本意相悖。同理，前文《狼和小羊》充满着对狼蛮横无理的憎恶和对小羊温柔可爱的同情，朗读时，要充分认识，才能准确表达。

六、说明文的朗读

说明文具有条理清楚、结构严谨的特点，它不是以情感的激荡取胜，而是重在说明事、理，所以朗读时基调应该平实。在语速、停顿等方面可以用叙述的语气把文章读正确，把所说明事物的特点交代清楚，以帮助学生理解说明内容，感受说明方法。

（一）体现作者的创作动力

说明文并不是冷冰冰的介绍，说明的对象一定有值得说明和介绍的特质，才使作者有向受众介绍的欲望和冲动，这种创作的原动力或激情，朗读者必须感受到并加以表现。如《苏州园林》："我觉得苏州园林是我国各地园林的标本，各地园林或多或少都受到苏州园林的影响。"正是因为苏州园林在中国园林艺术中的独特地位，作者才有介绍的冲动。其他如《颐和园》《雅鲁藏布大峡谷》《赵州桥》《新型玻璃》《只有一个地球》等，其情感虽非起伏激荡，但一定会有作者的创作欲望或激情在其中，朗读时一定要加以体会和表达。

（二）体现文本的逻辑结构

说明文或偏重科学性，或偏重事实性，但都思路明晰，层次分明。所以朗读时，要借助正确的停顿、合理的重音、变化的节奏来体现文章的逻辑结构，进而培养学生的逻辑思维能力。如叶圣陶的《苏州园林》，采用的是由总到分、由宏观到微观的说明结构；叶圣陶的另一篇《景泰蓝的制作》，则是按照工作程序来说明的；《蛇与庄稼》的第

1自然段，老农在说明蛇与庄稼的关系时采用的是从现象到实质、层层递进的方式。这些在朗读时都要注意加以体现。

七、议论文的朗读

议论文是有感而发的，即对某一件事表示自己的意见、观点。议论文包括演讲稿、辩护词以及随笔等（有人把随笔归入散文，但广义上说可算作是一种议论文）。议论文有鲜明的观点、有说服力的论据和严密的论证过程，因此朗读时要做到重点突出，脉络清楚。应该注意：

（一）声音明亮清晰

这是因为在文章中要明确地亮出作者的观点，而且是毫不犹豫，应该使用明亮的音色，在发音时，要使自己的发音器官肌肉绷紧，这样声音就不至于显得拖泥带水。

（二）关注语句重音

因为在议论文中有大量的议论，为了强化论证，一定会有所强调，所以语句重音就显出特别重要的作用。

（三）表明论证层次

议论文中的思考和议论必然有一定的脉络和思路，由此一步步带着听众走向结论，所以必须是层次分明的，朗读时必须运用音量的大小、速度的快慢等因素逐步推进到结论的出现，也就是全文的高潮所在。

如《为人民服务》是毛泽东在张思德烈士追悼会上所作的演讲。内容一方面对殉职的烈士表示哀悼和敬意，另一方面也明确了中国共产党及其领导下的革命队伍奋斗的目标和宗旨，直至今天，仍意义深远。朗读时，既要有崇高的襟怀，又要有平和的心态；平实、自然亲切的语气，尤为重要。课文的第1自然段，鲜明地亮出了观点；后面的四个自然段紧紧围绕这个中心加以论证，朗读时要用停顿的长短表明段落的转换；每一个自然段中，句与句之间的关系，也要用此方法体现；句子内部要根据表意确定好重音。全篇用声音的停顿和重音的确定来体现论证的层次性。

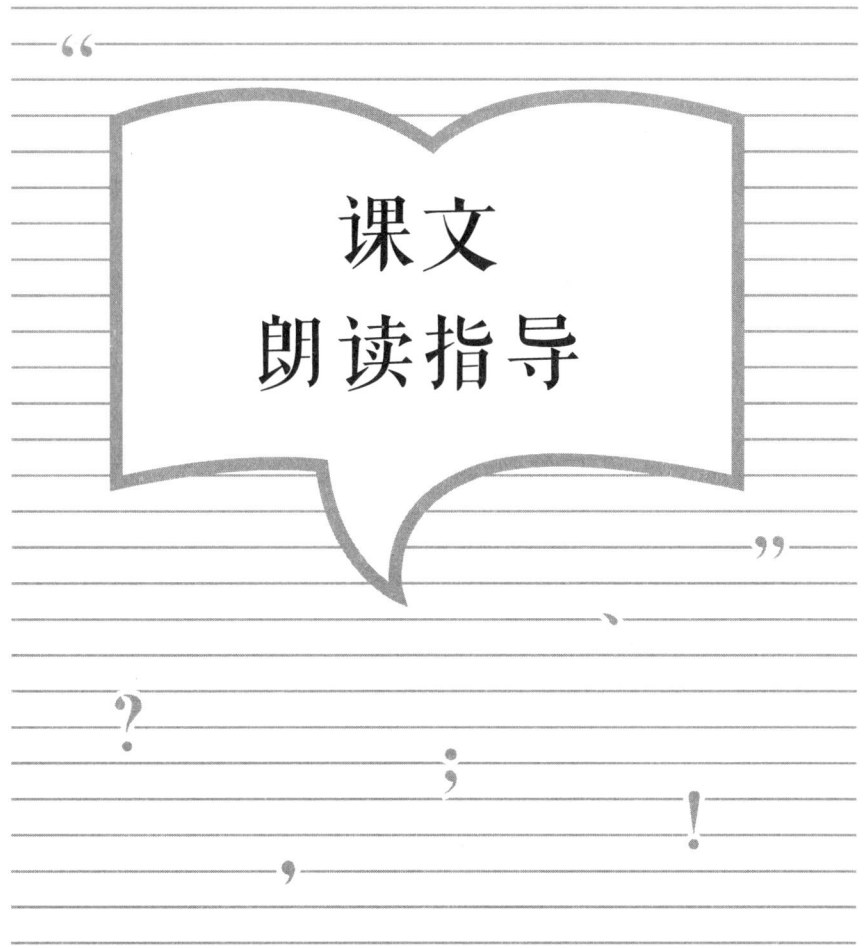

课文朗读指导

阅读的对象是文字，文字是记录语言的符号。比起有声语言，它缺少语言的活力，而朗读是将文字转换成语言。语言有着文字所表达不出来的语气、语调、语势、语感，有着更丰富的表情达意的功能。

本书中、高年级教材选文中的现代文选文以叙事性文本居多，而且紧密贴近学生的生活实际，这样学生对文本内容的理解和语言的把握都不难，阅读和朗读的水平得以提高，便于形成书面语语感。

此外本书从中、高年级教材课文中分别精选了不同文体的文本，包括古诗词、写人叙事和绘景状物的记叙文、古代神话和历史故事、说明文、议论文等，基于文本解读的基础，从阅读理解的角度提出朗读和教学建议，帮助师生更好地走进文字文本，体验并传达文字文本的意蕴和情感。

第1课 观 潮

| 原 | 文 | 呈 | 现 |

　　钱塘江大潮,自古以来被称为天下奇观。

　　农历八月十八是一年一度的观潮日。这一天早上,我们来到了海宁市的盐官镇,据说这里是观潮最好的地方。我们随着观潮的人群,登上了海塘大堤。宽阔的钱塘江横卧在眼前。江面很平静,越往东越宽,在雨后的阳光下,笼罩着一层蒙蒙的薄雾。镇海古塔、中山亭和观潮台屹立在江边。远处,几座小山在云雾中若隐若现。江潮还没有来,海塘大堤上早已人山人海。大家昂首东望,等着,盼着。

　　午后一点左右,从远处传来隆隆的响声,好像闷雷滚动。顿时人声鼎沸,有人告诉我们,潮来了!我们踮着脚往东望去,江面还是风平浪静,看不出有什么变化。过了一会儿,响声越来越大,只见东边水天相接的地方出现了一条白线,人群又沸腾起来。

　　那条白线很快地向我们移来,逐渐拉长,变粗,横贯江面。再近些,只见白浪翻滚,形成一堵两丈多高的水墙。浪潮越来越近,犹如千万匹白色战马齐头并进,浩浩荡荡地飞奔而来;那声音如同山崩地裂,好像大地都被震得颤动起来。

　　霎时,潮头奔腾西去,可是余波还在漫天卷地般涌来,江面上依旧风号浪吼。过了好久,钱塘江才恢复了平静。看看堤下,江水已经涨了两丈来高了。

文 | 本 | 简 | 析

课文介绍了自古以来被称为"天下奇观"的钱塘江大潮，是按照"潮来之前""潮来之时""潮头过后"的顺序，由远到近抓住"潮"的特点进行叙述的。先闻其声，再观其形，"听"和"看"在写法上是交错的，写得有声有色，十分形象，使人身临其境。

朗 | 读 | 指 | 导

课文按观潮的时间顺序，记录了等潮、听潮、潮来、潮退的景观，给人带来了听觉、视觉的享受。朗读时宜把握住观潮的线索，以明朗的音色，随着等潮、盼潮的心情来调节语速和潮来的节奏，用音量的大小表现潮起潮落的动态。

第1自然段点明观潮的地点——钱塘江，其特点是"奇"。朗读时"钱塘江"处理为次重音，主重音落在"奇"上，为后文的描写做铺垫。此句后面的停顿时间要长于句号规定的停顿，让读者对这一奇观有一种期待感。

第2自然段交代观潮的时间和最佳位置。朗读要平实，在海塘大堤上俯视钱塘江，语速稍缓，使听者对潮来之前的景象有全面了解。两个"宽"字，都要读饱满，表现钱塘潮形成的地形特点（钱塘江口状似喇叭）。"平静"音量稍小，"蒙蒙的薄雾"轻读，读出此时的静谧。"人山人海"应延长读音，表现人多。"等着，盼着"语速放慢，停顿时间稍长，为潮来设置期待的悬念。

第3自然段未见潮形，先闻潮声。"午后一点左右"（注意："一"变调应读为第四声），远处"隆隆的响声"回应着人们的期盼。"隆隆的"是沉闷的滚雷般的潮声，不可读得过于响亮，要将后槽牙打开，形成口腔与鼻腔的共鸣，读出闷响的效果。有人告诉我们"潮来了"，要读出终于盼到的激动心情。此处语调上扬，尤其要把"来"扬起，后面一句则下降，因为我们"看不出有什么变化"。随着时间的推移，响声一再逼近，读时强调"越来越大"，给人以期盼后带来的惊喜。

第4自然段写潮来。天际的白线快速移向我们，"很快"要读得短促，"拉长"一词声音也要延长，"变粗"音调降低，读出粗重的感觉，"横贯江面"表示白线从江的一岸贯通到另一岸，是线的延伸，而钱塘江是方圆宽阔，是平面的铺满，在第2自然段中用了"横卧在眼前"，要体会并读出"贯"与"卧"的细微差别。"拉长""变粗""横贯江面"三个词语之间声音延长不可断开，以表现其变化的连续性。随着浪潮的推进，我们也能更清晰地观察它，白线变成了白色的水的城墙，气势愈加汹涌，声音愈加震撼。此时，朗读也进入语势的高潮，语调升高，节奏加快，突出重读的词语有"两丈""千万""浩浩荡荡""山崩地裂""大地"以及次重音"齐头""飞奔""震"，除了分号处停顿，分号前后的逗号都不停顿，以突出江潮的由远及近，声势之迅猛。朗读者要气息充足、饱满，才能用声音气息把海潮的磅礴气势、奔涌雄奇充分地形象化地呈现在听者的耳畔。

第5自然段写潮退。江面也并不是很快恢复风平浪静，所以朗读的气势、节奏不能一下子懈怠下来。"霎时"语速要快，干净利落，突出强调"奔腾""漫天卷地""风号浪吼"，强调浪潮对观众的冲击依然余波荡漾。"过了好久"的"好"读音拉长。堤下的江水涨了两丈来高了，以相对静态的江面收尾，整体音调也恢复平缓。

教学建议

课前，准备能够表现钱塘江大潮壮观画面的视频，布置学生查阅有关资料。课上，从"观潮"和"天下奇观"中"观"的意思入手，通过分析"奇",体会"天下奇观"(板书)的含义;引领学生自读课文,思考归纳课文写作顺序(等潮—听潮—潮来—潮退),引导学生朗读第3、4自然段,分析课文对潮来时的描写,展现钱塘江大潮潮来时的气势,以突出其"奇"。理解、积累并运用课文中描写潮水的语句,用自己的话描述出来;并观看钱塘江大潮的视频,感受这一"天下奇观";让学生强化感受后再带着画面朗读。

在此过程中,指导学生了解重音、停顿、节奏、语气、气息的处理等技巧对传达语句所蕴含的情感的作用。教学过程中针对重点词句,带领学生理解后进行感受和朗读,以加深体会。

朗读好全文的基本程序是读准字音、理解描写海潮气势和声音的词义,把握写作顺序,理清朗读的情绪线索,调整好感情基调。通过教师范读,学生自己读,教师引读、学生接读,教师评价指点,学生揣摩、再读等环节,实现朗读训练的细致入微。

总之,只有借助文字展开联想,激活感受,建立起对画面的认识,进而感受画面、用声音传达画面,同时辅以相关朗读技巧,才能把画面及其情感的传达落到实处。

第2课 走 月 亮

| 原 | 文 | 呈 | 现 |

秋天的夜晚,月亮升起来了,从洱海那边升起来了。

是在洱海里淘洗过吗?月盘是那样明亮,月光是那样柔和,照亮了高高的点苍山,照亮了村头的大青树,也照亮了,照亮了村间的大道和小路……

这时候，阿妈喜欢牵着我，在洒满月光的小路上走着，走着……啊，我和阿妈走月亮！

细细的溪水，流着山草和野花的香味，流着月光。灰白色的鹅卵石布满河床。哟，卵石间有多少可爱的小水塘啊，每个小水塘都抱着一个月亮！哦，阿妈，白天你在溪里洗衣裳，而我，用树叶做小船，运载许多新鲜的花瓣……哦，阿妈，我们到溪边去吧，去看看小水塘，看看水塘里的月亮，看看我采过野花的地方。

啊，我和阿妈走月亮……

村道已经修补过，坑坑洼洼的地方已经填上碎石和新土。就要收庄稼了，收庄稼前，要把道路修一修，补一补，这是村里的风俗。秋虫唱着，夜鸟拍打着翅膀，鱼儿跃出水面，泼剌声里银光一闪……从果园那边飘来果子的甜香，是雪梨，是火把梨，还是紫葡萄？都有。在坡头那片月光下的果园里，这些好吃的果子挂满枝头。沟水汩汩，很满意地响着。是啊，它旁边，是它浇灌过的稻田。哦，阿妈，这不就是我们家的地吗？春天，我们种的油菜开花了，我在田地里找兔草，我把蒲公英吹得飞啊飞……收了油菜，栽上水稻。看，稻谷就要成熟了，稻穗低垂着头，稻田像一块月光镀亮的银毯。哦，阿妈，我们到田埂上去吧，你不是说学校放假了，阿爸就要回来了吗？我们采哪一塘新谷招待阿爸呢？

啊，我和阿妈走月亮……

有时，阿妈给我讲月亮的故事，一个古老的传说；有时，却什么也不讲，只是静静地走着，走着。走过月光闪闪的溪岸，走过石拱桥，走过月影团团的果园，走过庄稼地和菜地……啊，在我仰起脸看阿妈的时候，我突然看见，美丽的月亮牵着那些闪闪烁烁的小星星，好像也在天上走着，走着……

多么奇妙的夜晚啊，我和阿妈走月亮！

文│本│简│析

课文是一篇充满诗情画意的散文，作者以优美的语言、欢快幸福的笔调，描写"我"和阿妈在月光下散步时的所见和所感。在朗读时，读者眼前不禁浮现如诗、如梦的动态画卷：在皎洁柔和的月光下，阿妈牵着"我"的小手，走啊走……溪水流、花草香、水塘小、果甜香、虫鸣唱、人语响……到处都流淌着快乐、温馨、甜美之情。

课文情景交融，寄情于景，物我相应，情韵绵长。第1、2自然段，作者以月、山、树、路等自然景象，寥寥几笔便勾画出一幅山村月夜图，树与山融，月与人融，创设了一个静谧、美好、祥和之境。

课文语言看似平白，但韵味无穷；语言浅近，但感情深沉。首先，反复写道"我和阿妈走月亮"，看似重复，实则妙笔，充分表达了"我"和阿妈走月亮时无比幸福和喜悦之情，细细咀嚼这种情致、意趣，让人心中涌起融融的暖意。其次，排比句式的大量使用，如"照亮了高高的点苍山，照亮了村头的大青树，也照亮了，照亮了村间的大道和小路……""走过月光闪闪的溪岸，走过石拱桥，走过月影团团的果园，走过庄稼地和菜地……"不仅增强了韵律感，使语言富有气势，更使描写细腻，形象生动，让人在脑海中呈现的不仅仅是一路美丽的景致，更多的是真真切切的情，相融相沫的爱[①]。

[①] 王银垂. 想中悟，听中体，联中现——《走月亮》教学反思[J]. 课程教育研究, 2014 (5)：47-48.

| 朗 | 读 | 指 | 导 |

朗读散文是一个看、想、悟的过程，应把握住平缓的基调。没有明显的大起大落，即使是抒情的高潮，也不同于演讲时的慷慨激昂。在朗诵时要保持中等的语速，柔和的音色，在处理强调重音时，一般采取拉长的方式，而不是加重的方法。如在朗读题目"走月亮"时，结合当时秋天宁静的夜晚，月亮从洱海边探出头，缓缓地爬上夜空，洒下明亮、柔和的月光。因此，"走"要采取低声、拉长的处理方式；"月亮"二字要读得轻而柔。

课文中多次运用了排比句式，在朗读时，一定要呈现变化，无论是延伸性的变化，还是起伏性的变化，哪怕是细微的不同，也是必不可少的，否则就会变得乏味。第2自然段中月亮"照亮了高高的点苍山，照亮了村头的大青树，也照亮了，照亮了村间的大道和小路……"三次照亮了的景物显然是按照由远及近的顺序出现的。远处的点苍山在月光下看不清，村头的大青树就能看得清楚一些了，而脚下的路才是看得最为真切的，因此读法也就有所不同。第一个"照亮"应读得优雅轻柔，语速放缓，仿佛从遥远的地方传来；后两个"照亮"要读得越来越明朗，语速逐渐轻快，让人仿佛看到月光下的景物被镜头逐渐推进，越来越清晰。

在朗读散文时，最重要的是抓住文章的"神"，结合自己对"神"的感受、理解，运用恰当的语气表达出作品的神韵。课文从孩子的心灵感受出发，在勾勒秋天月夜优美的画面中，充满着童真童趣，更充盈着浓浓的亲情。

"我和阿妈走月亮"在文中出现四次，都是作者情感的自然流露。浓郁的幸福之感，唯有一唱三叹，才能尽情地抒发。在洒满月光的乡间小路上，阿妈牵着"我"的小手，走啊走，童年的美好足以勾起美丽的遐想……"啊,我和阿妈走月亮!"这里的感叹号蕴含着作者多少温暖的感觉和幸福的滋味啊!朗读时,语气应自然亲切,由衷而发。和阿妈一起走月亮,作者看到的、听到的、闻到的、想到的皆是诗情画意、欢乐时光。朗读这些描写性语言时,应注意生动、自然。于是,我们仿佛听到了一个孩子内心欢愉的细语呢喃:"啊,我和阿妈走月亮……"第二次朗读这句话时,"走"要读得轻一些,并稍作停顿,使人展开联想;"月亮"要读得慢一点,语调轻柔、舒缓一些,体现勾起了"我"对温馨美好的回忆,以及对幸福的期待和向往。在美好的童年时光,我和阿妈多少次漫步在月光下,每一次"我"都陶醉其中,月亮和星星,阿妈和我,已融为一体。景美,人美,情更美。于是,我们似乎又听到了孩子内心最深情的话语:"多么奇妙的夜晚啊,我和阿妈走月亮!"这里是第三次朗读,首先"多"稍微拉长,"多么奇妙的夜晚啊"后面稍作停顿,读出由衷的赞美和深深的喜爱之情;"我和阿妈走月亮!"应语气轻快,读出发自内心的欣喜和幸福之感。

教 学 建 议

教师在指导朗读时,宜调动学生的感官,发挥想象,联系生活去感受课文中的意境,进而用声音将课文的景与情表达得更加充分。

比如,教师可以首先范读第 1 和第 2 自然段,用声音将学生带入月夜清冽的意境中,尤其是文中的三个"照亮",要读得轻柔,一个比一个语气加重,用声音把情、景、物融合在一起,构成了一个静谧、清凉的月夜美景图。学生受到感染,如临其境,让人感觉到月下的景物被镜头逐渐拉近了,越来越清晰,仿佛走进物我一体的世界中,从而加深对课文的理解和领悟,语感也随之得到培养、提高。

第6课 夜间飞行的秘密

|原|文|呈|现|

　　清朗的夜空出现两个亮点,越来越近,才看清楚是一红一绿的两盏灯。接着传来了隆隆声,这是一架飞机在夜航。

　　在漆黑的夜里,飞机是怎么做到安全飞行的呢?要想了解其中的秘密,我们可以从蝙蝠说起。

　　蝙蝠能在夜里飞行,还能捕捉飞蛾和蚊子;而且无论怎么飞,从来没见过它跟什么东西相撞,即使一根极细的电线,它也能灵巧地避开。难道它的眼睛特别敏锐,能在漆黑的夜里看清楚所有的东西吗?

　　为了弄清楚这个问题,两百多年前,科学家做了一次实验。在一间屋子里横七竖八地拉了许多绳子,绳子上系着许多铃铛。他们把蝙蝠的眼睛蒙上,让它在屋子里飞。蝙蝠飞了几个钟头,铃铛一个也没响,那么多的绳子,它一根也没碰着。

　　科学家又做了两次实验:一次把蝙蝠的耳朵塞上,一次把蝙蝠的嘴封住,让它在屋子里飞。蝙蝠就像没头苍蝇似的到处乱撞,挂在绳子上的铃铛响个不停。

　　三次实验的结果证明,蝙蝠夜里飞行,靠的不是眼睛,而是靠嘴和耳朵配合起来探路的。

　　后来,科学家经过反复研究,终于揭开了蝙蝠能在夜里飞行的秘密。它一边飞,一边从嘴里发出超声波。而这种声音,人的耳朵是听不见的,蝙蝠的耳朵却能听见。超声波向前传播时,遇到障碍物就反射回来,传到蝙蝠的耳朵里,蝙蝠就立刻改变飞行的方向。

　　知道蝙蝠在夜里如何飞行,你猜到飞机夜间飞行的秘密了吗?现代飞机上安装了雷达，雷达的工作原理与蝙蝠探路类似。雷达通过天线发出无线电波，无线电波遇到障碍物就反射回来，被雷达接收到，显示在荧光屏上。从雷达的荧光屏上，驾驶员能够清楚地看到前方有没有障碍物，所以飞机飞行就更安全了。

| 文 | 本 | 简 | 析 |

　　课文为一篇科普短文，融科学性和趣味性为一体。课文主要讲科学家经过反复实验，揭开了蝙蝠能在夜间飞行的原因，发现了超声波的原理并且从中受到启发，给飞机装上雷达，解决了飞机在夜间安全飞行的问题。

　　课文思路清晰，逻辑性强，可以分为三部分。

　　第一部分：首先描述飞机夜航这种现象，然后提出飞机怎么能安全飞行的问题，这是课文要说明的主要问题。第2自然段在文中承上启下，既呼应了题目，又引出下文说明蝙蝠与雷达的关系。

　　第二部分：蝙蝠能在夜间准确灵巧飞行引起科学家关注。科学家做了三次试验，最终发现了"超声波"。原来蝙蝠夜里飞行，靠的不是眼睛，而是用嘴和耳朵配合起来探路的。

　　第三部分：科学家从蝙蝠身上受到启示，给飞机装上雷达，保证了飞机安全飞行。

　　课文启示学生，研究生物可以对人类的创造发明有所启示。课文可以延伸阅读，介绍近代新兴的学科——仿生学。

| 朗 | 读 | 指 | 导 |

　　全文的朗读基调，既要体现科学的严肃性又要体现探究事物奥秘的趣味性。课文的朗读，建议分四步进行：

第一步，通过前三个自然段的朗读，激发学生学习课文的兴趣并且积极思考，使学生明白飞机安全夜航是从蝙蝠身上得到的启示，感受蝙蝠夜间飞行动作的灵巧。

作为一篇科普短文，课文开头写得极为生动，"清朗的夜空出现两个亮点，越来越近，才看清楚是一红一绿的两盏灯。"学生朗读时可能有人读"清朗"，有人误读"晴朗"，此时教师可以引导学生讨论，让他们思考这两个词是否可以替换，再通过查词典加以分辨，"晴朗"的解释为"没有云雾，日光充足"，"清朗"的解释为"凉爽晴朗"，"清朗"包含有"晴朗"的意思，课文中写的是夜间飞行，此时温度降低，气温凉爽，此处用"晴朗"不能体现气温的凉爽。而夜间虽然不见日光，但是此处更强调能见度，所以让学生认识到还是要读成"清朗"。"夜间"往往带有神秘感，课文又在探索科学现象，所以开头几个字"清朗的夜空"语调上扬，稍作停顿之后用一种略带惊奇的语气读出"出现两个亮点"，"一红一绿的两盏灯"要读得肯定，表明眼之所见的结果。"接着传来了隆隆声"中的"隆隆声"不必刻意读得很重，因为空中的飞机距离都很遥远，不至于声音刺耳。"这是一架飞机在夜航。"这一句要读得平稳肯定，是对前文描写所制造的悬念的一个交代。

第2和第3自然段分别有两个问句，下文也是围绕回答这两个问题来写的。所以这两个问题的朗读要体现启发性和思考性。"飞机是怎么做到安全飞行的呢？""难道它的眼睛特别敏锐，能在漆黑的夜里看清楚所有的东西吗？"根据语气运用规律"疑则气细声粘"，所以句尾语调要抬升，但是句末的虚词还是要轻读。通过这样的语气激发学生探究知识的愿望。

第二步，通过朗读明白蝙蝠是靠嘴和耳朵配合起来探路的，从中进行语言文字的训练和逻辑思维能力的训练。

第一次实验是详写,"在一间屋子里横七竖八地拉了许多绳子,绳子上系着许多铃铛。""横七竖八""绳子""铃铛"体现了实验时蝙蝠飞行环境的复杂,所以这几个词都要作为重音来读。"他们把蝙蝠的眼睛蒙上",这次实验主要是考察蝙蝠飞行与眼睛的关系,所以"眼睛"读重音。"蝙蝠飞了几个钟头,铃铛一个也没响,那么多的绳子,它一根也没碰着。"这句话里"一个"和"一根"要读成重音,表现出蝙蝠高超的躲避障碍物的能力,"毫发无触"。之后的两次实验为略写,没有再写实验的环境,此处可提示学生后两次实验与第一次的环境完全相同,但是"一次把蝙蝠的耳朵塞上,一次把蝙蝠的嘴封住",其中两个"一次"之后略加停顿,以区分两次实验的方式不同。其结果"蝙蝠就像没头苍蝇似的到处乱撞,挂在绳子上的铃铛响个不停"。这是个比喻句,苍蝇乱飞的景象学生大多常见,所以这句应该读出画面感,让学生更具体地想象出实验的结果,从而认识到没有了嘴和耳朵配合的蝙蝠就丧失了判断障碍物的能力。

　　第三步,通过朗读揭开蝙蝠探路的奥秘。"科学家经过反复研究,终于揭开了蝙蝠能在夜里飞行的秘密。"这句应该作为一个关键句,先让学生解释"反复"是什么意思,为什么要反复实验和研究;"终于"又是什么意思,它"表示经过种种变化或者等待之后的结果",任何一项科学成果,都是来之不易的,都是科学家们反复研究,经过无数次失败,无数次地总结经验教训,无数次地再实验才得来的,只有不怕困难、勇于探索、敢于攀登的人才能探索出大自然和科学的奥秘。所以这句话,教师可以采取几个学生分别朗读、全班同学齐读等方式,轮番进行,并且加重"反复"和"终于"的读音,把这种科学探索精神潜移默化地根植于学生心里。

　　超声波,是一个陌生的概念,也极为抽象,而课文的语言表述简易明了，学生通过朗读结合想象，应该能够理解其中的原理。"它一边飞，一边从嘴里发出超声波。""超声波"一词要读得慢、读得稳，字字分明，强调出这种特别的现象。"蝙蝠就立刻改变飞行的方向。"这句话语速可加快，体现出由于超声波的作用，蝙蝠判断力极其敏锐灵活。

第四步，通过朗读揭示飞机在夜间安全飞行的奥秘。"现代飞机上安装了雷达"，从发现超声波，到制造雷达，这是科学家的另外一种贡献，其中包含他们的智慧和艰辛，所以可以指导学生读这一句的时候体现出对科学家的敬意，而不是平淡地叙述一件事情。雷达的工作原理和工作过程可能是学生理解的一个难点，在朗读过程中，依次出现了"雷达""天线""无线电波""障碍物""荧光屏"几个陌生的概念，教师此处可以借助多媒体加以演示，让学生反复朗读几遍，让这些词语在认识中越来越清晰，从而读得越来越顺畅，也能把雷达的工作原理理解得越来越深刻，最终自然而然地明白了飞机在夜里飞行也十分安全的原因。

教 学 建 议

课前可以布置学生搜集有关蝙蝠的课外知识。以蝙蝠为题材的故事和传说极为常见，教师在课中或课尾适当穿插，增强教学的趣味性，开阔学生的视野。教学时应理清步骤，在每个教学环节中体现不同的目的性。

首先要扫清文字的读音及词义的障碍。学生通读课文，从整体上把握课文内容、结构，让学生充分自读，达到正确、流利地朗读。

其次是精读，深入体会课文内容。着力明确科学家是怎样从蝙蝠身上受到启示的，以及飞机夜间安全飞行与蝙蝠探路之间的联系。这样学生在多读、多说的基础上深入了解了三次科学实验的过程,明白了蝙蝠是靠嘴和耳朵配合起来探路的。关于主要内容的概括,可以读课文扣住课题归纳,也可以联系课文重点归纳,如"在漆黑的夜里,飞机是怎么做到安全飞行的呢?要想了解其中的秘密,我们可以从蝙蝠说起"。科学家通过三次不同的实验证明,蝙蝠夜里飞行,靠的不是眼睛,而是靠嘴和耳朵配合起来探路的。"现代飞机上安装了雷达,雷达的工作原理与蝙蝠探路类似。"所以飞机在夜里飞行也十分安全。当然,在比较准确概括的基础上可引导学生说得精练一些。

课下展开拓展阅读,激发学生的阅读与探究兴趣。可以交流课前搜集的有关仿生学的信息资料,或者布置阅读关于仿生学的科普读物。启发学生从动物身上得到启示,自己设计一个小发明。还可以创设"仿生学科普知识展览"的情境,让学生当"小小讲解员"上台介绍,下面的"观众"现场提问,使对课文内容的体会与口语交际整合起来。

第9课 古诗三首

| 原 | 文 | 呈 | 现 |

暮江吟①

〔唐〕白居易

一道残阳铺水中,
半江瑟瑟②半江红。
可怜③九月初三夜,
露似真珠④月似弓。

注释

① 〔吟〕古代诗歌体裁的一种。
② 〔瑟瑟〕这里形容未受到残阳照射的江水所呈现的青绿色。
③ 〔可怜〕可爱。
④ 〔真珠〕这里指珍珠。

文 | 本 | 简 | 析

　　《暮江吟》是唐代诗人白居易所作的一首七言绝句。822年的九月初三，诗人在去杭州任职杭州刺史时途经长江下游的某地，独自游赏黄昏时分的岸边风景，写下此诗。全诗围绕"可怜"二字展开，采用借景抒情的手法，通过描绘江边景色的动态美，抒发诗人释然愉悦的心情。

　　夕阳西下与水平面同齐，一望无际的江面上遍布残阳留下的光亮，就像是平铺在水面一样；秋风徐来，拂起阵阵涟漪，使原本景色一致的江面呈现一半碧绿一半火红的景象。前两句写的是黄昏的阳光把波光粼粼的江面映出碧绿与火红两种颜色，形成色彩上的对比。

　　秋天的夜晚，潮湿清冷，江边的水汽凝结成露珠落在草木上，一颗颗晶莹的水珠像珍珠似的，在月光下射出闪烁的光。后两句运用了比喻的修辞手法，分别将露珠和初三的月牙比作珍珠和弯弓，表达诗人对景色的赞叹。

朗 | 读 | 指 | 导

　　这首诗描绘的是夕阳西落时夜晚的景色，给人安逸、闲适之感。全诗朗读时按四三节拍停顿。

　　第一句描绘了傍晚时分的阳光照亮整个江面。"一道"点明残阳的位置与水面同高,因此诗人只看到一道光亮。同时,"一道"也与"铺"相互照应,表明江面上凡是被夕阳普照的地方已经全部被夕阳染红。因此,朗读时要将"一道"二字加重读音以突出其在画面呈现中的作用。"铺"体现了残阳平铺在江面上的状态,所以应当在"残阳"后稍作停顿,注意这里的停顿要声断气连,以清晰地表达句意。此外,"铺"宜拉长读音,给人一种光亮随着江面蔓延开来,似乎没有边际的辽阔感。

第二句通过颜色的对比,描绘出夕阳下江面上的细微变化。"瑟瑟"和"红"分别表示江面的不同颜色,要加重读音以凸显颜色的变化。在"瑟瑟"与"半江红"之间要采用声断气连的方法作短暂停顿,使画面的两种颜色对比更加分明。

第三句抒发作者对眼前静谧景致的愉悦之情。"可怜"二字既是这句的中心,也是全诗的关键,应重读以突出诗人此时的心情,同时承接后面的"九月初三夜",点明节气和时间。这句的语调宜渐次上扬,给人一种轻快之感,渲染愉悦的氛围,更好地表达诗人对大自然的喜爱之情和快乐的心境。

第四句描写了日落后的夜景。作者运用了两个比喻,将露水和月牙分别比作珍珠和弯弓。所以朗读时要在两个比喻之间稍作停顿,以明确句子的意思。另外,"真珠"和"弓"是被诗人所强调的喻体,朗读时应当重读。"真珠"不仅交代了露珠的形状,还描写了露珠在月光的映照下显现出的光泽感。通过加重读音的方式,读出诗人对闪烁着晶莹光泽的露珠的喜爱。"月似弓"三个字作为结尾应当放缓语速,拖长声音,营造一种皓月当空的距离感。

| 教 | 学 | 建 | 议 |

古诗无论是语言表达,还是情感的抒发,对于小学生来说,都太

遥远了，但是诗歌的语言却读起来顺口，听上去悦耳，所以，古诗教学，要从朗读开始，带领学生"披文入情"，走进古诗的境界，和古人对话，与历史共鸣。可以安排如下教学步骤：

一读古诗，读准字音。要求学生自读古诗，把不认识、不理解的字圈画出来，通过自学或同桌讨论理解后再朗读，教师加以指导纠正。

二读古诗，读出节奏。教师示范朗读，加重诗句四三的停顿节奏，请学生在每句诗的停顿处用"/"做上标记，讲解后让学生模仿朗读。

三读古诗，读进画面。古诗往往都是以情入景，是一幅情景交融的画面。教师可采取多种辅助性教学手段，比如音乐、画片、背景介绍等，带领学生走进诗歌的规定情境中，读出画面感，用声音再现诗歌的意境。

四读古诗，读懂诗意。"诗言志"，诗歌所表达的都是作者的思想情感。教师应当利用学生的生活体验和诗歌创作的背景材料，帮助学生理解画面背后所包含的情感表达，用声音表现出这种情感体验，走进诗歌的情感世界。

教师带领学生，就这样从字音开始，从节奏入手，用朗读一步步地建构起诗歌所表现的画面，体味诗歌所传达的思想情感。

| 原 | 文 | 呈 | 现 |

题①西林②壁

〔宋〕苏　轼

横看成岭侧成峰，
远近高低各不同。
不识庐山真面目，
只缘③身在此山中。

注释

①〔题〕书写，题写。
②〔西林〕西林寺，在今江西庐山脚下。
③〔缘〕因为。

文 | 本 | 简 | 析

这首诗是宋代诗人苏轼的经典之作。诗题意为写在西林寺墙壁上的诗，诗歌则具体写题在墙壁上的内容。

前两句诗人侧重写景，从正面看山峦绵延起伏、层层叠叠；从侧面看奇峰兀立、高耸入云；站在远、近、高、低等不同的位置和角度观赏，景色变化万千。在后两句中，诗人则对这一现象进行了深刻而冷静的思考：迥然不同的景色使诗人分辨不出哪个才是庐山真正的样子，在冷静思考过后发现正是由于自己身处庐山当中，才难以见到庐山的真实面目。

这是一首哲理诗，诗人借助庐山变化多端的景色，向世人阐明道理：对待任何事物必须全面分析，不能以偏概全，妄下结论。

朗 | 读 | 指 | 导

这首诗蕴含着深刻的哲理，因此应用沉稳的语调来朗读。

第一句诗人从不同角度描写了所见的景色。朗读时要体现出两种角度的不同，所以应当在"侧成峰"前稍作停顿，从而达到理解句意的目的。"横看"二字写出了第一种观赏角度，可以延长"横"的读音，既能强调角度，又能够营造出崇山峻岭、起伏跌宕的画面，给人一种视野开阔之感。"成岭"是"横看"的结果，两者之间应有短暂停顿，要比前文的停顿略短一些，能够听出停顿即可。"侧"作为第二种观赏角度也应通过朗读凸显出来，可以采用加重读音的方式，声音短促，表现出山峰高耸险峻的形态。

第二句将庐山的万千形态浓缩成一句话。"远近高低"四字概括了所有的观赏角度，朗读时语速可以稍稍加快，读得紧凑些，语调微微上扬，带给人们目不暇接的感觉。"各"加重读音，直接突出庐山景色各异、移步换景的特点。

第三句中诗人发现自己不能识别庐山的真实景致，并对此产生了思考。"真"加重读音，凸显诗人关注的是庐山真正的样子，而非他已经看到的多样的庐山景色。另外整句语调应渐次上扬，"目"稍微延长读音，体现出诗人对这一问题的深入思考，并为下句的回答做铺垫。

第四句交代了诗人思考出的答案。朗读时宜放缓语速，表现出这一启示的深刻。"只"应重读，突出原因的唯一性；"缘"意为因为，应与后面的内容稍作停顿，便于理解句意。"此山中"三个字作为结尾应当拖长声音，营造出回味与思考的广阔空间。

教 学 建 议

古诗教学的要求是以读代讲、以读为本、以读悟情。古诗教学中的教师示范性朗读，是非常重要的。好的范读不仅能够以真情感染学生，将学生带入古诗的意境之中，还可以通过范读对学生进行倾听、感受的训练和朗读方法的指导；又很好地凸现了教师既是学生学习活动的组织者、引导者，同时又是参与者的角色定位。范读可谓一举多得。

在朗读教学上，示范和指导缺一不可。教师需要较系统和充分地掌握朗读的有关知识、理论和规范，加上反复实践练习，才可以做好示范朗读，这是一个日积月累的过程，却又是必不可少的过程。

原文呈现

雪 梅

〔宋〕卢 钺

梅雪争春未肯降①,
骚人②阁③笔费评章④。
梅须逊⑤雪三分白,
雪却输梅一段香。

注释

① 〔降〕服输。

② 〔骚人〕诗人。

③ 〔阁〕同"搁",放下。这里读 gē。

④ 〔评章〕评议。这里指评议梅与雪的高下。

⑤ 〔逊〕不及,比不上。

文本简析

  本诗是宋代诗人卢钺所作的七言绝句组诗中的一首。诗人由"梅雪争春"引出此诗:两者都认为自己占尽了春色,谁也不肯认输,就连文人骚客也难以评判谁更胜一筹,只能将笔放置一旁,仔细思量。梅花必须承认不及雪花洁白,雪花则要认识到自己不及梅花芬芳。大概两者难分伯仲的原因就在于此吧!

  整首诗运用了借物喻人的方法,通过梅雪争春难分伯仲,告诉人们:做人要学会取长补短才能进步。前两句运用了拟人的修辞手法,将梅和雪拟人化,"争"和"降"两字交代出二者互不相让,都认为自己最能代表春天,诗人因难以做出判断而搁笔思考。后两句运用了对比的修辞手法，分别交代了梅与雪的长处与不足，并寓理于其中。

朗 读 指 导

这首诗运用了借物喻人的方法，朗读时应当语调沉稳，语速稍慢，读出诗歌的深厚意味。

第一句诗人侧重写梅雪争春。"争"是这句诗的关键，将梅和雪拟人化，营造出两者争妍斗艳的生动景象，宜加重读音。"未肯"二字则直接表明了梅和雪互不相让的态度，也应加重读音。"未肯降"是"争春"的结果，朗读时需要在中间稍作停顿。整句语调宜渐次上扬，声音较为高亮，渲染一种相互争取在春天的地位，毫不退让的激烈氛围。

第二句转向对雪梅的观赏者的描述。"阁笔"与"费评章"是递进关系的两个短语，所以二者之间需要有短暂的停顿。"费评章"三个字语速宜放缓，"费"重读，读出诗人坐立不安的思考状态，表达诗人纠结的心境。这一句，语调应整体下抑，声音要低沉些，表现难以取舍。

第三句中"逊"应加重读音，凸显梅花的缺点。"三分白"是对"逊雪"的补充，朗读时要注意两者间的短暂停顿。"白"则交代了雪洁白的特点，应当加重读音以起到突出的作用。

第四句则重在指出梅花的特点。"却"表示转折，尽管上句强调了雪花的洁白，但它也有不及梅花的地方。"一段香"是对"输梅"的补充说明，两者间应稍作停顿，以确保句意的顺畅。同时，这三个字作为诗歌的结尾，应当放缓语速来朗读。"香"的读音应延长，可以适当加入气声，营造一种花香在空气里弥漫开来，飘向远方的意境。另外，朗读时延长"香"的读音，意在告诉读者这首诗是潜藏着深刻内涵的，并为听者留出思考的空间。

后两句诗人运用对比的手法呈现出两者的优缺点，同时也解释了纠结的原因，朗读时就应注意语气平缓、语调适中，不必夹带过多的情感，应给人陈述原因的感觉。

教 | 学 | 建 | 议

古诗教学的目的在于让学生建立起对祖国语言文字的兴趣与热爱，体味到祖国语言的博大精深，朗读是重要的教学手段之一，要贯穿在教学的所有环节当中。在本诗的教学中，朗读可以分为逐步深入的四个层次：

第一步从读准字音开始，读出节奏，感知古诗独有的音乐美。本诗的教学，教师首先要带领学生根据诗意划好语节停顿，找准朗读节奏：梅雪／争春／未肯降，骚人／阁笔／费评章。梅／须／逊雪／三分白，雪／却／输梅／一段香。

第二步抓住关键词句，理解其在特定语境中的表达效果，品味古诗的语言美。教师要引导学生深入理解"骚人阁笔费评章"的意思，理解"逊"和"输"在词义上的相得益彰，体会古诗言简意赅的表达特点。

第三步想象画面，走进诗歌的意境，体验古诗的图画美。诗歌是用意境表情达意的，读者只有在大脑中建构起诗歌语言所描绘的画面，才能理解诗歌的意境。教师可以借助音乐、图画帮助学生通过朗读，想象诗歌所描绘的雪中梅花交相辉映的风采。

第四步联系生活实际深思，理解作者所表达的思想感情，感悟故事的意蕴美。诗歌的最终目的都是表情达意的，读古诗的根本目的也是走进作者的内心，与作者的情感世界产生共鸣。教师可以联系"尺有所短，寸有所长"的成语和学生的实际生活，帮助学生理解诗歌的主题。

第10课　爬山虎的脚

|原|文|呈|现|

　　学校操场北边墙上满是爬山虎。我家也有爬山虎,从小院的西墙爬上去,在房顶上占了一大片地方。

　　爬山虎刚长出来的叶子是嫩红的,不几天叶子长大,就变成嫩绿的。爬山虎的嫩叶,不大引人注意,引人注意的是长大了的叶子。那些叶子绿得那么新鲜,看着非常舒服。叶尖一顺儿朝下,在墙上铺得那么均匀,没有重叠起来的,也不留一点儿空隙。一阵风拂过,一墙的叶子就漾起波纹,好看得很。

　　以前,我只知道这种植物叫爬山虎,可不知道它怎么能爬。今年,我注意了,原来爬山虎是有脚的。爬山虎的脚长在茎上。茎上长叶柄的地方,反面伸出枝状的六七根细丝,这些细丝很像蜗牛的触角。细丝跟新叶子一样,也是嫩红的。这就是爬山虎的脚。

　　爬山虎的脚触着墙的时候,六七根细丝的头上就变成小圆片,巴住墙。细丝原先是直的,现在弯曲了,把爬山虎的嫩茎拉一把,使它紧贴在墙上。爬山虎就是这样一脚一脚地往上爬。如果你仔细看那些细小的脚,你会想起图画上蛟龙的爪子。

　　爬山虎的脚要是没触着墙,不几天就萎了,后来连痕迹也没有了。触着墙的,细丝和小圆片逐渐变成灰色。不要瞧不起那些灰色的脚,那些脚巴在墙上相当牢固,要是你的手指不费一点儿劲,休想拉下爬山虎的一根茎。

文本简析

课文的作者是著名教育家叶圣陶。课文用朴实明了的语言，生动具体地描写了爬山虎的脚。课文分两部分：前半部分简要介绍爬山虎的叶子生长的过程，它们均匀平铺，"好看得很"；后半部分着重介绍爬山虎的脚的特点，写了爬山虎的脚生长的位置，爬山虎脚的形状、颜色，以及它是如何一脚一脚往上爬的。这两部分有着内在的因果关系：没有爬山虎的脚这么努力地"一脚一脚地往上爬"，牢固地巴在墙上，就没有这"漾起波纹"的好看的叶子。读后让人产生了探究的愿望，激起留心观察周围事物的强烈兴趣。

选编本文的主要意图，一是认识本文的写作方法，学习作者是怎样把观察到的事物具体地、有顺序地写下来的；二是引导学生学习仔细观察植物的方法，并能够运用学到的观察方法指导自己的观察实践，养成认真观察的习惯；三是让学生在理解课文内容的同时，感受植物的生机与可爱，增加热爱大自然的情趣。叶圣陶先生说过："语文教材无非是个例子，凭这个例子要使学生能够举一反三，练习阅读和写作的熟练技巧。"这篇课文对于学生学习写状物文章有很好的示范作用。

朗读指导

初读课文，指导学生读准字音。课文中容易读错的字有："隙"读 xì，不读 xī；"拂"读 fú，不读 fó；"茎"读 jīng，不读 jìng；"碰着"的"着"读 zháo。

作者把爬山虎的叶子写得很美，语言更美。教学中应以朗读体会为主。前面两句话里，作者连用了三个"嫩"，"嫩红""嫩绿""嫩叶"，此处要提示学生根据生活经验联想初生的新叶的特点，在朗读时要读得轻柔，从而体现出作者的喜爱之情。通过自读和讨论，再让学生了解到爬山虎"长大了的"叶子的特点，让学生感受到绿叶的可爱。一是绿，"绿得那么新鲜"；二是又多又密，铺在墙上"不留一点儿空隙"；三是美，"一阵风拂过，一墙的叶子就漾起波纹，好看得很"。如此好看的绿叶，自然激发出作者的喜爱，而朗读时也要提示学生如同"目击其物"，好像看到了满墙的爬山虎，自己的心里同样充满喜爱之情，带着这样的感情去朗读。

课文的第3自然段写作者通过观察发现了爬山虎的脚。"今年，我注意了，原来爬山虎是有脚的。"读这句的时候，"注意"一词要重读，让学生认识到只有留心观察，才能有更多发现。后面详细地描写了爬山虎的脚。脚长在什么地方，"茎上长叶柄的地方"；是什么形状的，"反面伸出枝状的六七根细丝，这些细丝很像蜗牛的触角"；是什么颜色的，"细丝跟新叶子一样，也是嫩红的"。这些表示地方、形状、颜色的词也要突出重读，从而更好地认识爬山虎的脚的特点。

第4自然段写爬山虎的脚是怎么爬的。"爬山虎的脚触着墙的时候，六七根细丝的头上就变成小圆片，巴住墙。""巴"这个动词用得非常贴切又非常生活化，所以在读的时候首先要理解这个词的意思，不能因为在生活中常用就一带而过。这个词也写出了爬山虎的脚虽然细小，但是它通过这样的方式附着在墙壁上也能攀爬。这个词的朗读处理可以让学生进行讨论，是重读还是轻读？如果从用力的角度，似乎应该是重读；但是爬山虎的脚毕竟柔细，所以还是用重音轻读的方式，更好地体现出描写对象的特点。细丝"把爬山虎的嫩茎拉一把，使它紧贴在墙上。爬山虎就是这样一脚一脚地往上爬"。这句中的"就是这样"和"一脚一脚"之间可以加以停顿，缓慢但是持续上爬的样貌得以凸显，此处还可以让学生比较"一脚一脚地往上爬"是否可以换成"一步一步","一步一步"地往上爬是指脚交替着往上爬,而且跨度很大,而爬山虎是伸出一只脚,巴住墙,再伸出另一只脚,再巴住墙,它要不停地向上爬,就要不断地伸出脚来,正是这样"一脚一脚地往上爬",扎扎实实、稳稳当当,才使得它的叶子铺得那么均匀。通过朗读让学生认识到"脚"与"叶子"之间的关系。

第5自然段比较了爬山虎的脚触着墙与没有触着墙有什么不同,重点写了触到墙的颜色变成灰色,而且"那些脚巴在墙上相当牢固,要是你的手指不费一点儿劲,休想拉下爬山虎的一根茎"。这句话里包含着作者对细小的爬山虎的脚的赞叹之情。当然,这一句的重音处理也是灵活多样的(只要不违背原意即可)。课文中没有任何一句提到作者的情感,但是他对爬山虎的喜爱之情跃然纸上,所以在朗读过程中,教师要提示学生认识到这种情感,从中有所感悟,并且通过朗读传达出来。

教 学 建 议

课文的教学重点是通过理解重点词句了解爬山虎脚的特点,学习作者抓住特点进行观察和表达的方法。教学难点为体会作者是怎样把爬山虎的脚的特点说明白的。

有爬山虎的地方,课前可布置学生观察爬山虎,但是爬山虎的脚平时很难引起学生的注意,教师课前搜集有关爬山虎的资料,准备爬山虎实物或标本或挂图。有条件的学校可以制作有关爬山虎脚生长特点的多媒体教学课件,生动直观地展示出爬山虎的脚是怎么爬的。

除了多媒体课件的运用,教师还应认识到语文教学的本真应是文字,因此本课的学习重点在于如何让学生从语言文字中理解爬山虎是怎样一脚一脚地往上爬的。所以在教学中可以用生活体验拉近学生与课文中的描写的距离。本课描写的植物用了"脚"这个反复出现的关键词,既然如此,我们不妨用爬山虎的脚和动物的脚或者人类的脚进行联系比较,把"脚"与"爬"这两个词形象化。引导学生体会描写爬山虎动作的"触""巴""拉"等词,使学生知道爬山虎是这样向上爬的。人类的脚向前迈进后面留下的是一串脚印,那么爬山虎留下的又是什么呢?学生不难发现,爬山虎每前进一步都有"一脚"牢牢地带动身体,并紧贴在墙上,此刻可以顺势理解"一脚一脚"的含义。

课文篇幅短,对于四年级学生来说,在反复感知课文内容以后,已经接近熟读成诵的程度。教师稍加指点,学生就能较快地背下来。按一定的顺序记忆,抓住课文中有特征的词句来记忆是有助于背诵的好办法,而记忆和背诵又促进了学生的自主朗读。第2自然段,可按"刚长出来的叶子""长大了的叶子"的顺序背。背"长大了的叶子"这一层时,可抓住叶子的"绿"和"密"的特点背。第3自然段可以按照"以前""今年"的顺序背,第4自然段按照"原先""现在"这样表示时间顺序的词来背。读、背结合,可以更好地认识和学习作者观察和表达的方法。

第12课 盘古开天地

| 原 | 文 | 呈 | 现 |

很久很久以前,天和地还没有分开,宇宙混沌一片,像个大鸡蛋。有个叫盘古的巨人,在混沌之中睡了一万八千年。

有一天,盘古醒来了,睁眼一看,周围黑乎乎一片,什么也看不见。他一使劲翻身坐了起来,只听咔嚓一声,"大鸡蛋"裂开了一条缝,一丝微光透了进来。巨人见身边有一把斧头,就拿起斧头,对着眼前的黑暗劈过去,只听见一声巨响,"大鸡蛋"碎了。轻而清的东西,缓缓上升,变成了天;重而浊的东西,慢慢下降,变成了地。

天和地分开后,盘古怕它们还会合在一起,就头顶天,脚踏地,站在天地当中,随着它们的变化而变化。天每天升高一丈,地每天加厚一丈,盘古的身体也跟着长高。

这样过了一万八千年,天升得高极了,地变得厚极了。盘古这个巍峨的巨人就像一根柱子,撑在天和地之间,不让它们重新合拢。又不知过了多少年,天和地终于成形了,盘古也精疲力竭,累得倒下了。

盘古倒下以后,他的身体发生了巨大的变化。他呼出的气息变成了四季的风和飘动的云;他发出的声音化作了隆隆的雷声;他的左眼变成了太阳,照耀大地,他的右眼变成了月亮,给夜晚带来光明;他的四肢和躯干变成了大地的四极和五方的名山;他的血液变成了奔流不息的江河;他的汗毛变成了茂盛的花草树木;他的汗水变成了滋润万物的雨露……

伟大的巨人盘古,用他的整个身体创造了美丽的世界。

文│本│简│析

课文取材于盘古开天辟地的古老的传说。全文极富想象力,用生动而准确的语言塑造了盘古雄伟、高大的形象,深情赞美了他为开天辟地而勇于献身的精神,描述了他开创的新世界的美丽壮观。

课文分为三个部分:第一部分写盘古开天地之前,宇宙一片混沌;第二部分写盘古开天地的过程;第三部分写盘古开天地的结果。

教学这篇课文,要使学生认识神话这种文学体裁的特点,体会到丰富的想象力在课文中的重要作用,并且认识到神话故事中所包含的情感因素。通过了解盘古开天地的故事内容,激发阅读神话故事的兴趣,培养想象力。在学习课文的基础上,把课文内容转化为学生自己能够复述的故事。

朗 读 指 导

通过朗读认识盘古勇于牺牲的献身精神,感受课文所描写的神奇美好的世界,是本文进行朗读的目的要点。教师可以通过多媒体营造气氛之后,指导学生带着浓厚的感情色彩进入到朗读意境。

"很久很久以前,天和地还没有分开,宇宙混沌一片",起句的朗读一定要放慢语速,小学生的朗读,普遍速度较快,语调也轻快,但是在这里要提示学生,时间的久远,宇宙混沌时的黑暗模糊,都要用缓慢的语速和低沉的语调体现出来。

"有一天,盘古醒来了",朗读时可以抬高声调、加快速度,但是"醒"可拖长,体现出他的醒来将让未来的世界发生巨变。"巨人见身边有一把斧头,就拿起斧头,对着眼前的黑暗劈过去",动词"拿"和"劈"都要用实实在在的声音加重,而且"劈"比"拿"的音量更强,盘古高大勇猛的形象通过这句话就树立起来了。"轻而清的东西,缓缓上升,变成了天;重而浊的东西,慢慢下降,变成了地。"这句的朗读,语速应比较缓慢,但是语调上要有所区别。教师可以让女同学朗读前半部分,用轻柔的声音和语气读出其中的"轻而清""上升""天",后半部分让男同学朗读,用低沉的声音和语气读出其中的"重而浊""下降""地",这种形式的朗读,学生就会加深对其中的几组反义词的印象,并且改善朗读之中的"全篇一腔"。

"天和地分开后,盘古怕它们还会合在一起,就头顶天,脚踏地,站在天地当中,随着它们的变化而变化。"这句的朗读可以借助于态势语,让学生站直身体,高高昂起头、用力踩踏地面,体会"头顶天""脚踏地",并且举起双臂、绷直双腿做出撑天的姿态,盘古的形象在他们心目中越来越高大。但是学生很快会体会到双臂发酸、腰疼腿软,而盘古就这样支撑了"一万八千年""又不知过了多少年",这里的时间词要重读,可以让学生想象,可能是一千年,一万年,十万年,百万年……盘古牺牲自己开天辟地的精神感染力越来越强,"盘古也精疲力竭,累得倒下了。"学生读这句的时候就会充满崇敬之情。

盘古虽然倒下了,可是"他的身体发生了巨大的变化"。

下文把盘古倒下后身体发生的巨大变化描写得很具体。盘古身体的每一个部分,分别变成了世界上的万物。对地球万物的描写,较多使用了偏正结构的短语,如"四季的风和飘动的云""隆隆的雷声"等,恰当地写出了事物的特点。这些词语,可以引导学生在朗读时加以注意,把文字转化为画面,并且通过语气语调的变化体现出来,如"风"和"云"可以读得轻柔,"隆隆的雷声"要用响亮的声音和饱满的气息;"大地""奔流不息的江河"要读出宽广奔腾的气势,"茂盛的花草树木""滋润万物的雨露"要读出勃勃的生机。教师可以用带读、齐读、分组读等方式合作朗读,使学生充分认识到盘古把自己的全部身体化为了美丽的世界。

有了前面的认识和练习,学生在读结尾"用他的整个身体创造了美丽的世界"这一句时,就会饱含深情。

| 教 | 学 | 建 | 议 |

可以课前布置学生搜集中国著名的神话传说,尤其是探索人与自然关系的题材,如精卫填海,大禹治水等。如果有时间,可以读一读,

感受古人通过神话故事传达出来的勇敢与智慧。

通过朗读课文，让学生从整体上了解课文讲了一件什么事，体会课文是怎样按顺序把这件事写清楚的。帮助学生理清课文的叙述顺序，为复述打下基础。可以提示学生按照"盘古醒来后—天地分开后—盘古倒下后"的顺序进行复述。

作为一篇神话故事，这篇课文处处充满了丰富的想象。在想象中学习语言，在语言的学习中展开想象，二者相辅相成，有机结合，从而促进学生的思维发展。学生朗读的时候，要引导他们发挥想象，通过想象理解课文内容，从课文的神奇、丰富、美好的想象中受到感染。"他呼出的气息变成了四季的风和飘动的云；他发出的声音化作了隆隆的雷声；他的左眼变成了太阳，照耀大地，他的右眼变成了月亮，给夜晚带来光明；他的四肢和躯干变成了大地的四极和五方的名山；他的血液变成了奔流不息的江河；他的汗毛变成了茂盛的花草树木；他的汗水变成了滋润万物的雨露……"这部分内容，教师可以制作多媒体课件，通过图片和声音把课文中的文字转化为可视可听的景象，加深学生的理解和感受。除了课文中所写到的，教师可以引导学生想象盘古身体的其他部分还会变成什么，让学生展开想象的翅膀，可以让学生用自己的语言描述，盘古的头发、牙齿、血管……变成了世间哪些美好的景象，从而更深刻地感受到他为了开天辟地坚持不懈，把自己的一切都奉献给人间的崇高精神。

第16课 麻　　雀

原│文│呈│现

　　我打猎回来，走在林荫路上。猎狗跑在我的前面。

　　突然，我的猎狗放慢脚步，悄悄地向前走，好像嗅到了前面有什么野物。

　　风猛烈地摇撼着路旁的白桦树。我顺着林荫路望去，看见一只小麻雀呆呆地站在地上，无可奈何地拍打着小翅膀。它嘴角嫩黄，头上长着绒毛，分明是刚出生不久，从巢里掉下来的。

　　猎狗慢慢地走近小麻雀，嗅了嗅，张开大嘴，露出锋利的牙齿。突然，一只老麻雀从一棵树上飞下来，像一块石头似的落在猎狗面前。它挓挲起全身的羽毛，绝望地尖叫着。

　　老麻雀用自己的身躯掩护着小麻雀，想拯救自己的幼儿。可是因为紧张，它浑身发抖，发出嘶哑的声音，准备着一场搏斗。在它看来，猎狗是个多么庞大的怪物啊！可是它不能安然地站在高高的没有危险的树枝上，一种强大的力量使它飞了下来。

　　猎狗愣住了，它可能没料到老麻雀会有这么大的勇气，慢慢地，慢慢地向后退。

　　我急忙唤回我的猎狗，带着它走开了。

文│本│简│析

　　课文所描写的虽说是一只麻雀，但实际是在表达作者对"爱"的认识。屠格涅夫认为爱的力量是战无不胜的，只有爱，才是延续生命的力量之源。

课文的情节非常简单：幼小麻雀经不住狂风的袭击，从树上的巢中跌落至地上，恰恰遇到了身形庞大而且正虎视眈眈的猎狗。老麻雀的本能当然是要救助自己的孩子，但它很可能和小麻雀一起成为猎狗的战利品。而老麻雀的母爱让它毅然作出了抉择：从安全的树枝上飞下来拯救幼儿。结局出人意料：猎狗"愣住了"，"慢慢地，慢慢地向后退"，老麻雀真的逼退了猎狗！老麻雀强大的爱的冲动，收到了意想不到的效果：爱可以战胜一切。

朗 读 指 导

课文的情节虽然简单，但充满了扣人心弦的紧张感，读者的心情随着老麻雀的行为而起伏变化，最后出人意料的结局让人在大松一口气的同时，产生难以言表的敬佩之情。

第1至3自然段描写"我"和猎狗打猎归来时遇见一只小麻雀。"风猛烈地摇撼着路旁的白桦树。"语速可稍微放慢，加重语气读"猛烈"一词，以突出风之大，为小麻雀从巢中跌落做铺垫。"看见一只小麻雀呆呆地站在地上，无可奈何地拍打着小翅膀。它嘴角嫩黄，头上长着绒毛，分明是刚出生不久，从巢里掉下来的。"这一段对小麻雀的描写中，"呆呆地""无可奈何地""嘴角嫩黄""长着绒毛""掉"，要重音轻读，读出麻雀的弱小，尤其"掉"要虚声处理，要读出朗读者对小麻雀的担心，同时让听者产生怜悯之情。

第4至6自然段描写老麻雀救护小麻雀的场景。"猎狗慢慢地走近小麻雀，嗅了嗅，张开大嘴，露出锋利的牙齿。"读这句时声带发紧，语调上扬，加快语速，把听众带进紧张的气氛中。"突然，一只老麻雀从一棵树上飞下来，像一块石头似的落在猎狗面前。"作者将老麻雀比喻成"一块石头"，描绘了老麻雀因为心情急迫、心中恐惧，僵硬着身体英勇而有力地"落在猎狗面前",一个"落"不但写出从树上飞下来时的速度之快,而且体现出母爱让它在危险和恐惧面前别无选择。这几个词要重读,速度略快,表现出紧张气氛加剧。"它挓挲起全身的羽毛,绝望地尖叫着。""挓挲"是个口语词,形容全身的毛都有力地张开,这是小动物遇到危险时的本能反应,"绝望"用在这里,表明这将是一场没有胜利可能的战斗,但老麻雀仍然"尖叫着",表现出自己战斗到底的决心和气势,它唯一能做的就是"用自己的身躯掩护着小麻雀"。老麻雀因为紧张、绝望和赴死的决心而"浑身发抖""发出嘶哑的声音",准备殊死搏斗。这些词语应读得沉重而清晰,这时气氛最为紧张,声音也要上扬。"在它看来,猎狗是个多么庞大的怪物啊!可是它不能安然地站在高高的没有危险的树枝上,一种强大的力量使它飞了下来。"这是作者插入的评论,紧张的气氛在这时有了暂时的停顿。"可是"之前作为铺垫,要读得慢一些,"可是"之后,感叹老麻雀在强悍猎狗面前的奋不顾身,语速要加快一些。"一种强大的力量"读时语气加重,语速变缓。

最后两个自然段是故事的结局:"猎狗愣住了,它可能没料到老麻雀会有这么大的勇气,慢慢地,慢慢地向后退。"这句语速要慢一些,表现出猎狗的发愣和犹豫。是这惊天地泣鬼神的爱的力量,给了老麻雀巨大的勇气,让它战胜了对死的恐惧,让猎狗暂时收敛起本性,让作者"急忙唤回我的猎狗,带着它走开了"。这些融合着作者思索的句子,也要读得慢一点,显示出作者受到震撼所产生的思考。

教学建议

课文所要赞颂的不仅是母爱的伟大,也不仅是以弱胜强的勇敢,更多的是在赞美爱的力量的强大。对于课文主题,四年级学生理解起来可能有些困难,这也成为课文的教学难点。建议教师在教学中要抓住那些描写老麻雀恐惧的词语,帮助学生理解为什么老麻雀在这么害怕而且没有胜利希望的情况下毫不退缩,这才是理解主题的关键所在。教师可以用老麻雀面对危难时的表现作为切入点,引导学生静心思索、深入交流,对课文进行最本真的解读。学生联系自己的生活实际,回顾并深深感受亲人对自己的爱,亲情之潮于心底涌动,此时就可以投入地读、深情地读,甚至情不自禁邀请全班同学和自己一起读。在读中,学生加深了对课文的理解和体验,受到了情感的熏陶和感染。

第18课 牛 和 鹅

| 原 | 文 | 呈 | 现 |

大家都说:牛的眼睛看人,觉得人比牛大,所以牛是怕人的;鹅的眼睛看人,觉得人比鹅小,所以鹅不怕人。

我们都很相信这句话。

所以我们看到牛,一点儿不害怕,敢用手拍它的背,摸它的肚子,甚至敢用树枝去触它的屁股呢!可是牛像是无所谓似的,只是眨眨眼,把尾巴甩几甩。有的孩子还敢扳牛角,叫它跪下来,然后骑到牛背上去。我那时虽然不敢这样,可是用拳头捶捶牛背还是敢的。

我们看到鹅,那就完全两样了:总是远远地站在安全的地方,才敢看它。要是在路上碰到鹅,就得绕个大圈子才敢走过去。

有一次,我们放学回家,走过池塘边,看见有四只大白鹅在靠近岸边的水里游。我们马上都不说话了,贴着墙壁,悄悄地走过去。我的心里很害怕，怕它们看见了会追过来。这时，有一个顽皮的孩子故意要引它们来，就吁哩哩哩地叫了一声。鹅听见了，就竖起头来，侧着眼睛看了看，竟爬到岸上，一摇一摆地、神气地朝我们走过来；还伸长脖子，嘎嘎地叫着，扑打着大翅膀，好像在它们眼里根本没有我们这些人似的。

孩子们惊呼起来，急急逃跑，鹅追得更快了。我吓得脚也软了，更跑不快。这时，带头的那只老公鹅就啪嗒啪嗒地跑了过来，嘎嘎，它赶上了我，嘎嘎，它张开嘴，一口就咬住了我当胸的衣襟，拉住我不放。在忙乱中，我的书包掉了，鞋子也弄脱了。我想，它一定要把我咬死了。我就又哭又叫，可是叫些什么，当时自己也不知道，大概是这样叫吧："鹅要吃我了！鹅要咬死我了！"

也许是我的哭叫更惹怒了这只老公鹅。它用全身的力量来拖我，啄我，扇动翅膀来扑打我。我几乎被它拖倒了——因为当时我还很小，只不过跟它一样高呢！其他几只鹅在后面嘎嘎大叫着助威。

就在这时候，池塘里划来了一只小船，捉鱼的金奎叔从船里跳上岸，飞快地走了过来（这些，我都是后来才知道的，当时是完全昏乱了）。金奎叔是个结实的汉子，他的胳膊比我的腿还粗。他一把握住了鹅的长脖子。鹅用脚爪划他，用嘴啄他。可是金奎叔的力气是那么大，他轻轻地把鹅提了起来，然后就像摔一个酒瓶似的，呼的一下，把这只老公鹅甩到了半空中。它张开翅膀，啪啪啪地落到了池塘中。这一下，其余三只鹅也怕了，纷纷张开翅膀，跳进池塘里，向远处游去。

这一摔是那么痛快，远处的孩子们全笑了起来，我也挂着泪笑了。一切的恐怖，全消失了。因为在金奎叔的手里，鹅是那么弱，那么可笑，它，不过跟一个酒瓶子一样罢了！

金奎叔帮我穿上鞋，拾起书包，用大手摸摸我的头，说："鹅有什么可怕的！看把你吓成这样。"

我说："因为鹅把我们看得比它小哇！"

金奎叔说："让它这样看好了！可是，它要是凭这点来欺负人，那咱们可不答应，就得掐住它的脖子，把它摔到池塘里去。记着，霖哥儿，下次可别怕它们。"

我记住金奎叔的话，从此不再怕鹅了。有什么可怕的！它虽然把我们看得比它小，可我们实在比它强啊！怕它干吗？果然，我不怕它，它也不敢咬我，碰到了，只是嘎嘎叫几声，扇几下翅膀，就摇摇摆摆走开了。

看到牛，我也不再无缘无故欺负它了，我觉得它虽然把我们看得比它大，可我们平白地去欺负它干吗？

直到现在，我还记着金奎叔的话。

文 本 简 析

课文记叙了"我"在年幼时很害怕鹅，有一天在回家的路上被鹅追赶，"我"被吓得又哭又叫，直到金奎叔赶走了鹅，告诉"我"鹅并不可怕，"我"记着金奎叔的话，再也不怕鹅的经历。课文的故事情节非常生动，语言极具生活化，既充满了童趣又蕴含一定哲理，容易引起学生的朗读兴趣。

课文的重点段落在于描写"我"被鹅追赶的这一部分，作者将鹅的穷追不舍、紧咬不放描写得活灵活现，而"我"的慌张狼狈、哭喊逃窜，也被作者借助对人物的语言、动作、神态的描写做了细致刻画。金奎叔不仅帮助"我"摆脱了大白鹅，而且他的话让"我"受到了启发：不再盲目地害怕鹅，也不再无缘无故地欺负牛。

如果这个故事告诉我们，看待周围的事物，如果从不同的角度出发，就会得到不同的结果。只要我们能够正确地、全面地看待问题，分析问题，就会正确地认识生活。

| 朗 | 读 | 指 | 导 |

扫清文字障碍是读好课文的基础。课文中的生字较多，有的字形烦琐要辨析清楚，如"束缚"的"缚"，"掐住"的"掐"；有的字音容易读错，如"啄"；尤其是多音字比较多，教师要指导学生在理解字义的基础上读对字音。此外，课文中反复出现的"吁哩哩哩"的"吁"，既是多音字，又是象声词，而且不常用，所以教师需在指导朗读的过程中加以说明，以便使学生达到正确流利朗读课文的目的。

课文的前四个自然段，讲作者小时候对于牛和鹅的不同认识。起初大家都以为牛怕人，鹅不怕人。"我们都很相信这句话。"这一句要读得肯定，尤其是"相信"一词，以体现出小孩子往往因别人的传言而影响自己的看法。第3和第4自然段，教师可以让学生对比着来读，从而认识作者对牛和鹅的态度的不同。"所以我们看到牛，一点儿不害怕"，读这句的时候，可以用趾高气扬的语气，接下来是各种不同的动作描写，"敢用手拍它的背，摸它的肚子，甚至敢用树枝去触它的屁股呢！……还敢扳牛角，叫它跪下来，然后骑到牛背上去。"教师可以提示学生根据句子中的动词做出这些动作，"拍、摸、触、扳、骑"，之后再进行朗读，把这些动词用重音表现出来，体现出孩子对老牛的不屑一顾和顽皮好动的天性。可是当"我们看到鹅，那就完全两样了"，这句话的潜台词就是"心里很害怕"，读这句话时音量不要大，但是语调可以提升，感觉喉咙部位发紧，好像是小心翼翼地生怕惊动了大鹅，怕它会扑咬过来。

第5至12自然段，写"我"被大鹅追咬，金奎叔帮"我"赶走大鹅，并且告诉"我"不要怕鹅。这部分既写出了大白鹅的不可一世，又写出了"我"的恐慌狼狈，还写出了金奎叔的从容老练，描写非常生动，在朗读时都要加以体现。

四只大白鹅大摇大摆，神气十足。尤其是"带头的那只老公鹅就啪嗒啪嗒地跑了过来，嘎嘎，它赶上了我，嘎嘎，它张开嘴，一口就咬住了我当胸的衣襟，拉住我不放"。这句话要读得紧凑，中间的逗号不要停顿时间太长，以显示出当时紧张的气氛，"它用全身的力量来拖我，啄我，扇动翅膀来扑打我。"这个排比句也要读得连贯，语势逐渐加强，语调逐渐提高，三个动词"拖、啄、扑打"要递进重读，老公鹅的凶猛就会鲜明地表现出来。

看见大白鹅的时候，"我的心里很害怕，怕它们看见了会追过来。""我吓得脚也软了，更跑不快。"偏偏带头的老公鹅追上了我，"在忙乱中，我的书包掉了，鞋子也弄脱了。我想，它一定要把我咬死了。我就又哭又叫"，这几个句子的描写，把"我"的紧张慌乱生动地表现了出来，在读这部分内容的时候，可以略带哭腔，"鹅要吃我了！鹅要咬死我了！"读这两句的时候提示学生"我"可能还喊了什么，学生意识到可能还喊"救命呀！救命呀！"所以在读的时候要提高语调放大音量，显示出高声呼救的紧急。

"就在这时候，池塘里划来了一只小船，捉鱼的金奎叔从船里跳上岸"，这里要读得语速较快，表现出金奎叔出现得及时。"金奎叔是个结实的汉子，他的胳膊／比我的腿还粗。"这句话写出了金奎叔的结实有力，所以语音也要有力量，后半句稍慢并加以停顿，金奎叔强壮的形象就会更鲜明。"可是金奎叔的力气是那么大，他轻轻地把鹅提了起来"，面对凶猛的大白鹅，金奎叔从容不迫，不费吹灰之力就把它提了起来，"轻轻"要用重音轻读的方式，表现金奎叔的从容之态。

原本在"我"面前不可一世的大白鹅,在强壮的金奎叔面前反倒害怕了,纷纷逃走了。

金奎叔不仅解救了"我",而且他的话还让"我"明白了大白鹅并不可怕。在朗读"我"和金奎叔的对话时,要引导学生思考鹅还是那群鹅,而"我"和金奎叔在它们面前表现得怎么会截然不同?鹅在"我"和金奎叔面前又有什么不同?"我"惧怕鹅,鹅就欺负"我";金奎叔不怕鹅,鹅反倒怕他。"我"说:"因为鹅把我们看得比它小哇!"读这句话时要显出"我"的惊魂未散,满心委屈,还有小孩子的天真幼稚之感;金奎叔的语言"它要是凭这点来欺负人,那咱们可不答应",要读得坚定有力,最后一句话"记着,霖哥儿,下次可别怕它们"可以读得温和一些,既有理性的启迪,又有长辈对于小孩的情感上的亲切。

结尾三个自然段,写出这件事让"我"产生的感悟,对牛和鹅的态度有了变化。"它虽然把我们看得比它小,可我们实在比它强啊!"读这句话要让学生理解,前半句是写从鹅的角度看到的结果,后半句是写真实的情况,"我们""实在""强"几个词都要重读,明确了事实,增加了自信。"直到现在,我还记着金奎叔的话",显示出这件事的深远意义和金奎叔所说的话的影响,所以要放慢语速,平稳收束。

| 教 | 学 | 建 | 议 |

课文讲了一个生动的故事,所以容易引起学生的学习兴趣。其中讲到两个道理:一是大家都信的未必可信;二是应该从正确的角度去看待事物,才能正确地对待身边的人和物,正确地对待生活。这两点是学生领悟的难点,可以这样突破这些难点:

教师应首先创设情境,可以准备多媒体课件和图片,也可以让学生进行角色扮演，体会人物内心的活动及变化。

教师要将"读"贯穿于教学的全过程，使学生入情入境，读得更有滋有味，丰富学生的语言积累，提升他们情感的价值。同时注意引导学生通过抓住有关语句，揣摩人物的心理活动。

教师要在学生熟悉课文内容的基础上梳理出若干有探讨价值的问题。比如：为什么牛的眼睛看人，会觉得人比牛大；鹅的眼睛看人，会觉得人比鹅小？为什么"我"怕鹅，金奎叔不怕？为什么鹅在"我"面前耀武扬威，在金奎叔面前害怕逃跑？等等。最终帮助学生理解课文所要阐明的道理：因为"我"看问题的角度变了，所以能够以正确的态度对待牛和鹅。

教师要使学生认识到从不同的角度看问题，就会出现不同的结果，不能被固有的思想左右，只有找准了角度，才能正确地对待身边的人和物，正确地对待生活。所以可以就某个具体问题，引导学生进行讨论，不同的人会有什么样的看法和做法，自己又该怎么看怎么做。

第26课　西门豹治邺

原|文|呈|现

战国时期，魏国的国君派西门豹去管理漳河边上的邺县。西门豹到了那个地方，看到田地荒芜，人烟稀少，就找了位老大爷来，问他是怎么回事。

老大爷说："都是河神娶媳妇给闹的。河神是漳河的神，每年要娶一个年轻漂亮的姑娘。要不给他送去，漳河就要发大水，把田地全淹了。"

西门豹问:"这话是谁说的?"

老大爷说:"巫婆说的。地方上的官绅每年出面给河神办喜事,硬逼着老百姓出钱。每闹一次,他们要收几百万钱,办喜事只花二三十万,多下来的就跟巫婆分了。"

西门豹问:"新娘是哪儿来的?"

老大爷说:"哪家有年轻的女孩,巫婆就带着人到哪家去选。有钱的人家花点儿钱就过去了,没钱的只好眼睁睁地看着女孩被他们拉走。到了河神娶媳妇那天,他们在漳河边放一条苇席,把女孩打扮好了,让她坐在苇席上,顺着水漂去。苇席先还是浮着的,到了河中心就连女孩一起沉下去了。有女孩的人家差不多都逃到外地去了,所以人口越来越少,这地方也越来越穷。"

西门豹问:"那么漳河发过大水没有呢?"

老大爷说:"没有发过。倒是夏天雨水少,年年干旱。"

西门豹说:"这样说来,河神还真灵啊。下一回他娶媳妇,请告诉我一声,我也去送送新娘。"

到了河神娶媳妇的日子,漳河边上站满了老百姓。西门豹带着卫士,真的来了,巫婆和官绅急忙迎接。那巫婆已经七十多岁了,背后跟着十来个穿着绸褂的女徒弟。

西门豹说:"把新娘领来让我看看。"巫婆叫徒弟把那个打扮好的姑娘领了来。西门豹一看,女孩满脸泪水。他回过头来对巫婆说:"不行,这个姑娘不漂亮,河神不会满意。麻烦你去跟河神说一声,说我要选个漂亮的,过几天就送去。"说完,他叫卫士架起巫婆,把她投进了漳河。

巫婆在河里扑腾了几下就沉下去了。等了一会儿,西门豹对官绅的头子说:"巫婆怎么还不回来,麻烦你去催一催吧。"说完,又叫卫士把官绅的头子投进了漳河。

西门豹面对着漳河站了很久。那些官绅都提心吊胆，大气也不敢出，西门豹回过头来，看着他们说："怎么还不回来，请你们去催催吧！"说着又要叫卫士把他们扔下漳河去。

官绅一个个吓得面如土色，跪下来磕头求饶，把头都磕破了，直淌血。西门豹说："好吧，再等一会儿。"过了一会儿，他才说："起来吧。看样子是河神把他们留下了。你们都回去吧。"

老百姓都明白了，巫婆和官绅都是骗钱害人的。从此，谁也不敢再提给河神娶媳妇，漳河也没有发大水。

西门豹发动老百姓开凿了十二条渠道，把漳河的水引到田里。庄稼得到灌溉，年年都获得好收成。

文 | 本 | 简 | 析 |

课文讲述了这样一个故事：西门豹奉命管理邺县，发现这个地方田地荒芜，人烟稀少。通过与百姓的交谈，他了解到那里的豪绅和巫婆勾结在一起假意为河神娶媳妇，实则为害百姓、谋取钱财，便设计破除迷信，大力兴修水利，使邺县繁荣起来。课文描写了西门豹如何将计就计、破除迷信、惩治邪恶、除害兴利的经过，刻画了西门豹有勇有谋、敢作敢为、为民做主、为民除害的形象。

课文可以分为三个部分：第一部分写西门豹向老大爷了解当地田地荒芜、人烟稀少的原因，摸清了"河神娶媳妇"的底细。第二部分写西门豹巧施计谋，把巫婆和官绅头子投进河里，破除了迷信。第三部分写西门豹兴修水利，造福百姓。课文在写作上按照时间顺序，主次分明，详略得当。课题中的"治"体现在两个方面：一是治理旧俗，破除为河神娶媳妇的封建迷信的恶俗；二是整治水利，兴修十二渠，引水灌田，发展农业生产。从问题实质看，治俗是为民除害，治水是为民兴利。课文把治俗作为全文情节结构的中心，是全文的主体，详写。课文的写作特色，也主要从治俗来体现。治水，略写。但这两个方面是不可分割的整体，如果不破除迷信，就没有人敢于开渠引水，所以课文的详略安排都是围绕中心确定的。

课文着力于对西门豹的语言描写，把西门豹足智多谋的形象刻画得栩栩如生。他对巫婆、官绅头子、官绅所说的四次话，层层深入，环环相扣，淋漓尽致地展现其计谋的巧妙。所以教学中应把握这一条主线，大胆地删枝去叶，使学生、教师有充分的时间、充足的空间与文本展开对话。

朗 读 指 导

西门豹和老大爷的四问四答过程交代了邺县田地荒芜、人烟稀少的原因。要注意不同角色的不同心情，读出不同角色的不同心态。

第一轮问答：西门豹向老大爷询问是"怎么回事"，老大爷回答的语气应该充满忧愁，"都是河神娶媳妇给闹的"。一个"闹"体现了老大爷的不满，这个字应该带着沉重的语气读出。

第二轮问答："这话是谁说的？"西门豹的语气里带着质疑，"谁"应该提高音调和音量，而老大爷回答时提到"巫婆"和"官绅"，也应该有所强调，作为对前文"谁"的呼应。"巫婆说的。地方上的官绅每年出面给河神办喜事，硬逼着老百姓出钱。每闹一次，他们要收几百万钱，办喜事只花二三十万，多下来的就跟巫婆分了。"句中的数字和"多下来的"都应重读，表示老大爷的语气里除了无奈还有愤怒。

第三轮问答："新娘是哪儿来的？"此时的西门豹已经意识到了新娘只会来自贫苦农家，产生了对官绅和巫婆的愤怒，但是他还要克制住自己，所以朗读时"哪儿"要强调出来，同时用尽量克制又有一定力度的语气读出全句。而老大爷的回答,要读得低沉缓慢,到最后"所以人口越来越少,这地方也越来越穷"。声音应越来越低、越来越弱。

第四轮问答:"那么漳河发过大水没有呢?"西门豹是在了解当地水利情况并思考对策,要读出关切的语气。老大爷说:"没有发过。倒是夏天雨水少,年年干旱。""雨水少""干旱"要强调出来,说明河神娶媳妇完全无用,旱灾带给百姓的同样是艰难困顿的生活,所以读到此处仍然是沉重的语气。西门豹说"河神还真灵啊",语调略高,"真"咬得重一些,尾音上扬,读出讽刺意味。

河神娶媳妇的当天,西门豹到场,针对巫婆、官绅提的四次要求,揭穿巫婆和官绅的骗局。西门豹的语言表面谦恭,实则厌恶,还有果断和坚定。

西门豹对巫婆要求说:"不行,这个姑娘不漂亮,河神不会满意的。麻烦你去跟河神说一声,说我要选个漂亮的,过几天就送去。"虽然"麻烦"一词表示客气,实际上是一种不容置疑的口气,朗读时的语气要平和而果断。"他叫卫士架起巫婆,把她投进了漳河。"这句要读得字字清晰、坚定,表现西门豹惩治巫婆毫不手软。

西门豹对官绅头子要求说:"巫婆怎么还不回来,麻烦你去催一催吧。"再次出现"麻烦"一词表示客气,却是不给官绅头子任何辩解的机会,依然要读得严肃坚定。"又叫卫士把官绅的头子投进了漳河。"这句要读得从容、肯定,表现西门豹的威严。

西门豹对其他的官绅要求说:"怎么还不回来,请你们去催催吧!"这里用"请",不再用"麻烦",虽然表面上还是客气,但实际上所有人这时都明白是什么意思了,"请你们"要重读,形成一种震慑的力量。朗读"官绅一个个吓得面如土色,跪下来磕头求饶,把头都磕破了,直淌血"时,语调略高、声音收紧,表现他们心中的恐惧。

西门豹再次对官绅要求说:"好吧,再等一会儿。"依然保持对众官绅的威慑，应读得从容不迫，语速略缓，停顿略长之后的"过了一会儿"，也要读得缓慢，对官绅们来说，仿佛时间凝固了一样。

西门豹带领百姓兴修水利这部分简单略写，"庄稼得到灌溉，年年都获得好收成。"这一句要读得轻快平实，是对西门豹的功绩进行赞颂，为老百姓的丰收感到欢欣鼓舞，所以要用上扬的语调收尾。

教 学 建 议

课文是一篇历史故事，是按事情的发展顺序记叙的。教学中，可以把理解的重点放在事情的起因和经过上，指导学生在初步了解每个自然段内容的基础上练习给课文分段。在深入理解每段内容的基础上，再让学生归纳段意。要指导学生弄清西门豹向老大爷提出了哪四个问题以及老大爷是怎样回答的，尊重事实的科学态度。

还要着重指导学生了解西门豹破除迷信的经过，帮助学生弄清西门豹是怎样用事实教育老百姓的。

西门豹设计惩治恶人，利用官绅和巫婆的骗局来惩治他们。西门豹不是真心要重新选更漂亮的姑娘，而是让姑娘免遭迫害，以此为借口让巫婆向河神"通报"，惩治宣传迷信、迫害妇女的巫婆。由此看出西门豹善于抓住巫婆的弱点，不动声色地惩治邪恶，保护老百姓。又如，课文中的"等了一会儿"是西门豹假戏真做的一种姿态，既然让巫婆去跟河神说一声，照理该回来了。"麻烦"是客气的说法，实际软中带硬，把官绅的头子投进河里，达到惩治邪恶的目的。

教师可以通过讨论交流让学生认识到，西门豹没有直接将巫婆和官绅头子绳之以法，而是采用"以其人之道还治其人之身"的办法。这不但惩治了恶人，教育了官绅，还让老百姓明白了这些都是迷信，从而信服西门豹，并积极响应西门豹的号召，开渠引水。

第2课 落花生

| 原 | 文 | 呈 | 现 |

　　我们家的后园有半亩空地。母亲说:"让它荒着怪可惜的,你们那么爱吃花生,就开辟出来种花生吧。"我们姐弟几个都很高兴,买种,翻地,播种,浇水,没过几个月,居然收获了。

　　母亲说:"今晚我们过一个收获节,请你们的父亲也来尝尝我们的新花生,好不好?"母亲把花生做成了好几样食品,还吩咐就在后园的茅亭里过这个节。

　　那晚的天色不大好。可是父亲也来了,实在很难得。

　　父亲说:"你们爱吃花生吗?"

　　我们争着回答:"爱!"

　　"谁能把花生的好处说出来?"

　　姐姐说:"花生的味道很美。"

　　哥哥说:"花生可以榨油。"

　　我说:"花生的价钱便宜,谁都可以买来吃,都喜欢吃。这就是它的好处。"

　　父亲说:"花生的好处很多,有一样最可贵。它的果实埋在地里,不像桃子、石榴、苹果那样,把鲜红嫩绿的果实高高地挂在枝上,使人一见就生爱慕之心。你们看它矮矮地长在地上,等到成熟了,也不能立刻分辨出来它有没有果实,必须挖起来才知道。"

我们都说是，母亲也点点头。

父亲接下去说："所以你们要像花生，它虽然不好看，可是很有用。"

我说："那么，人要做有用的人，不要做只讲体面，而对别人没有好处的人。"

父亲说："对。这是我对你们的希望。"

我们谈到深夜才散。花生做的食品都吃完了，父亲的话却深深地印在我的心上。

文 本 简 析

课文将大道理寓于小故事中，作者许地山以叙事散文的形式来表达自己对人生的思考，由此我们理解了为什么作品中的时间、地点甚至人物身份都缺少必要的交代。课文仅以父子两代人的对话为主体内容，却传达了几乎具有普世价值意义的主题：人的一生，一方面要保持积极进取，另外还要保持冲淡平和；一方面要努力奋斗，同时又要朴素内敛。落花生的精神，不仅是作者的自我要求，而且是对五四运动后的中国新青年所作的人生指引。

《落花生》选取的大多是日常生活话语，其语句的基本结构形态与今天的汉语句式并无大的区别，如同拉家常般娓娓道来，没有刻意的修饰和提炼，保持鲜活的生活本色，亲切自然，真实感人，在语言表达风格上与课文的主题达到高度统一。在结构安排上，课文按照故事发生的自然顺序——种花生、收花生、吃花生、议花生进行叙述，从花生讲到做人，由叙事引出说理，简洁干练，有条不紊，体现了说理文的风格特点。

朗读指导[①]

由于课文的行文风格是平实朴素的，朗读时的语气，也应该是自然平和、朴实无华的。课文中部分助词、趋向动词、方位词及一些习惯必读轻声词，都应读轻声，这些是课文朗读时要特别注意的。朗读的重点是读好人物对话，在舒缓平和的基调上，通过语气的变化和语调的抑扬顿挫，显示人物角色的身份和年龄特点。

课文第 1 自然段叙述了种花生的缘由、过程和结果。语气平和，语速适中。其中母亲的话要读得柔和些。"让它荒着怪可惜的"中的"荒"要重读，读出惋惜的心情。下句："你们那么爱吃花生，就开辟出来种花生吧。"读这一句时语气要渐渐下沉，既显出商量的口吻又有做出决定的果断。"买种，翻地，播种，浇水"，语调轻快，声音清晰，每个词语首字重读，停顿略长，形成节奏感，以突出在简单叙述中情节的快速推进。

课文第 2 至 14 自然段叙述了一家人在茅亭里过花生收获节的情景。以人物对话为主，朗读时要注意人物语言与叙述语言的不同。

母亲的话，语速平缓，显现出关爱语气："今晚我们过一个收获节，请你们的父亲也来尝尝我们的新花生，好不好？"这是母亲向孩子们征求意见。虽然是问句，但语调平缓，表现出商量的口吻，以凸显母亲的温和善良。

父亲的话，语气平稳庄重，"你们爱吃花生吗？"这是父亲对子女的第一句问话，声音坚实平稳，"爱"要重读。父亲的第二次发问，"好处"重读后停顿稍长，以引起孩子们的思考。父亲道出花生最可贵之

[①] 参见 https://wenku.baidu.com/view/4b9d28c9da38376bae1fae06.html. 朴实无华，个性鲜明——谈 26 号作品《落花生》的朗读 [J].

处，在于"它的果实埋在地里"，不像其他植物把果实"高高地挂在枝上"，其中对桃子、石榴、苹果的描述，可读得轻快一些，"地里"和"枝上"要重读以形成对比，表达出父亲情感上鲜明的倾向性。"所以你们要像花生，它虽然不好看，可是很有用。"这一句是父亲谈话的重点，也是课文的中心句，读时语速稍慢，语气平和，语调微微下沉，表达父亲的语重心长。"那么，人要做有用的人，不要做只讲体面，而对别人没有好处的人。"此句是"我"对父亲教诲的理解升华，这一句的朗读处理可以引导学生交流：语速应相应变慢，句尾屏气虚收，语调稍升渐平，以认真的口吻，表现出自己的思考与感悟；也可以快速回答，语调上扬，表现感悟之快而且急于希望表达的心理，两种朗读处理都含有期待父亲对"我"的领悟评判一下的心理。作为父亲，不仅有严肃的一面，更有慈祥的一面，因此"这就是我对你们的希望"。这句要读得舒缓平和些，因为父亲的教育目的已经达到。

孩子们的话，语调上多是上扬轻快的，孩子们的天真与父亲的语重心长形成对比。前文关于花生好处的对话，姐姐和哥哥的回答语速较快，"我"的回答语速应更快，语调高扬，彰显稚气。

课文结尾："父亲的话却深深地印在我的心上。"朗读时要多几处停顿，"父亲的话"后面停顿一下，一方面强调主语，另一方面为突出"话"的影响做铺垫，尤其要重读并延长"深深"才能突出影响至深，"父亲的话／却深深地／印在／我的心上"，显示出父亲的教诲让我在心中久久回味。

| 教 | 学 | 建 | 议 |

课文通过叙述一次家庭活动，引出一个为人处世的道理，这种写法可以作为小学第三学段的习作范例；而它精悍完整的结构、材料详

略得当的剪裁、自然平实口语化的语言，都拉近了小学生与经典的距离，成为可以模仿的例文。因此，课文的表达技巧，应当成为其主要教学内容，通过阅读理解，让学生掌握这样的写作方法。至于其深刻的主题内涵，学生可以通过朗读，完全可以理解"人要做有用的人，不要做只讲体面，而对别人没有好处的人"这个主题在今天的思想价值。

第3课 桂 花 雨

|原|文|呈|现|

中秋节前后，正是故乡桂花盛开的时节。

小时候，我无论对什么花，都不懂得欣赏。父亲总是指指点点地告诉我，这是梅花，那是木兰花……但我除了记些名字外，并不喜欢。我喜欢的是桂花。桂花树的样子笨笨的，不像梅树那样有姿态。不开花时，只见到满树的叶子；开花时，仔细地在树丛里寻找，才能看到那些小花。可是桂花的香气，太迷人了。

故乡靠海，八月是台风季节。桂花一开，母亲就开始担心了："可别来台风啊！"母亲每天都要在前后院子走一回，嘴里念着："只要不来台风，我就可以收几大箩。送一箩给胡家老爷爷，送一箩给毛家老婆婆，他们两家糕饼做得多。"

桂花盛开的时候，不说香飘十里，至少前后左右十几家邻居，没有不浸在桂花香里的。桂花成熟时，就应当"摇"。摇下来的桂花，朵朵完整、新鲜。如果让它开过了，落在泥土里，尤其是被风吹落，比摇下来的香味就差多了。

摇花对我来说是件大事,我总是缠着母亲问:"妈,怎么还不摇桂花呢?"母亲说:"还早呢,花开的时间太短,摇不下来的。"可是母亲一看天上布满阴云,就知道要来台风了,赶紧叫大家提前摇桂花。这下,我可乐了,帮大人抱着桂花树,使劲地摇。摇哇摇,桂花纷纷落下来,我们满头满身都是桂花。我喊着:"啊!真像下雨,好香的雨呀!"

桂花摇落以后,挑去小枝小叶,晒上几天太阳,收在铁盒子里,可以加在茶叶里泡茶,过年时还可以做糕饼。全年,整个村子都浸在桂花的香气里。

我念中学的时候,全家到了杭州。杭州有一处小山,全是桂花树,花开时那才是香飘十里。秋天,我常到那儿去赏桂花。回家时,总要捡一大袋桂花给母亲。可是母亲说:"这里的桂花再香,也比不上家乡院子里的桂花。"

于是,我又想起了在故乡童年时代的"摇花乐",还有那摇落的阵阵桂花雨。

| 文 | 本 | 简 | 析 |

桂花是中国十大名花之一,系木樨科常绿灌木或小乔木,花朵细小,开花时浓香远溢。花开时节是中秋节前后,历代文人雅士把酒赏月闻香,写出了不少咏桂的佳作。课文是女作家琦君创作的一篇散文,表达了对故乡童年生活的深深怀念,选作课文时做了一定的改动。

课文先写"我"小时候对桂花的喜爱,原因在于桂花的香气迷人;随后写为什么要摇桂花,是为了保持桂花的完整新鲜;接着主要描写了"我"帮大人摇桂花、收桂花的场面,充满了热烈和快乐的气氛;

最后写"我"对童年时代"摇花乐"的怀念。作者以童年时代的眼光看待事物，反映出纯真的童趣、纯朴的乡情。读着这篇课文，似乎桂花的香气弥漫在字里行间，作者的思乡之情也跃然纸上。

朗 读 指 导

结合理解课文，朗读的关键点在于以下三个方面：

一是桂花香。借物抒情的思乡散文不在少数，课文所写为桂花，教师指导学生朗读时有必要让学生感受桂花独有的性状特点。桂花的花形并不突出，其令人欣喜并且深为怀念的是它的香气。桂花产于南方，有可能全国很多地方的小学生对桂花并不了解，桂花的花形可以通过多媒体展示给学生，但是桂花的香气就需要教师调动学生的想象力，营造朗读氛围来让学生感受了。在朗读过程中要引导学生在课文中形象性词语的刺激下，透过文字"目击其物"，好像看到、听到、嗅到、尝到、触到一样，形成"内心视象"，再通过朗读传达出来。课文中最值得关注的是嗅觉形象，而嗅觉特点的体现是同吸气、屏息紧紧联系在一起的——令人愉悦的气味人们会深吸气以至沁人心脾，令人不悦的气味往往让人屏息掩鼻。课文中的桂花香久久萦绕，所以在朗读时就要让学生如闻其香。在学生初读全文进行感知之后，教师可以有目的地进行范读。"可是桂花的香气，太迷人了。"读这一句时，在"桂花的香气"之后，略停顿，教师可以深深吸一口气，仿佛沉醉在桂花的香气之中，然后再读出"太迷人了"这几个字，这样就能很快把学生带入到课文的情境之中，学生在朗读时也会有更深的感受。

"桂花盛开的时候，不说香飘十里，至少前后左右十几家邻居，没有不浸在桂花香里的。"这句话体现了桂花盛开时飘香之远，朗读时要带有一种赞叹的、骄傲的语气，气息可以饱满一些。"十几家"

应作为重音，体现花香覆盖的范围之大，"没有不"是双重否定，是对桂花香的着重肯定，所以"浸"也应作为重音加以体现。

"全年，整个村子都浸在桂花的香气里。"这一句写桂花制品带来的香气久久不散，教师可以引导学生认识"全年"一词包含的"每个月、每一天"的含义，在朗读时有所加强，但是"整个村子"更要重读，宜放慢语速，以体现桂花香袅袅不绝，覆盖之广让人回味无穷，而那个村子正是作者回忆中的故乡，让人无限向往。

二是摇花趣。课文是写对童年生活的回忆，所以文中充满童趣，在朗读时要加以体现。

课文中写"我"小时候对摇桂花的期盼，其中这一句"我总是缠着母亲问：'妈，怎么还不摇桂花呢？'"句尾为问号，可以指定不同的学生来朗读，比较他们读时语气是焦急的还是疑惑的，让学生分别读出并且说出自己的理解。教师在此可以鼓励学生的个性化朗读——用较快的语速且上扬的语调显出对于摇桂花的急迫心情；如果学生用拖长音的方式或者变调读出"妈—"，体现小孩子对母亲的撒娇邀宠也是合乎情理的。

课文中"摇桂花"的场面是多数学生没有经历过的，所以在指导阅读和朗读时教师要引导学生发挥想象力。在阅读教学中，学生的想象力需通过感悟文本语言并且发挥记忆联想和再造想象来实现，而教师必须给他们提供一个思维支点进行启发、导引，才能挖掘学生创造想象的潜力。在朗读"摇桂花"一段时，教师可以出示课件展示桂花纷纷落下的场面，然后让学生想象桂花如雨般落到他们的头上、脖子上、身上、手上直到地上时带来的感受，再找出表现作者当时喜悦心情的词语，最后在朗读时加进自己的内心感受，与作者产生情感共鸣。想象能使学生融入文本、有身临其境之感，学生读出、说出了自己的情感体验，教师再引导学生兴高采烈地用拖长的方式（表示空间的开阔）、用上扬的语调（表示心情的愉悦）读出："我喊着：'啊！真像下雨，好香的雨呀！'"

三是思乡情。摇桂花是作者家乡的一种民情，而桂花更连接了邻里情、故乡情，这也是学习这篇课文的重点难点。

作者小时候，每到桂花飘香时节，母亲念叨着"只要不来台风，我就可以收几大箩。送一箩给胡家老爷爷，送一箩给毛家老婆婆，他们两家糕饼做得多。"母亲的话语里传递着乡亲之间平淡却淳朴的情谊。指导学生读这句的时候要让学生理解到此时的母亲年纪尚轻，所以不必用低沉的语气和语调，而是用稍稍上扬的语调来表达出对桂花丰收的向往，对美好生活的企盼。文末母亲说："这里的桂花再香，也比不上家乡院子里的桂花。"这里可以启发学生思考母亲为什么这么说，也可以给学生补充材料，了解到杭州的桂花香格外有名，尤其"满陇桂雨"更是杭州的城市胜景之一，但是母亲出于对故乡深沉的爱，所以认为杭州的桂花比不上家乡。她说这句话的时候年事已高，更带着无限的怀念，此时她可能想到了做糕饼的"胡家老爷爷"和"毛家老婆婆"，以及故乡更多的亲人，所以读这句的时候要低沉、缓慢，既体现人物的年龄感，更体现人物的心情，韵味深长。结语："于是，我又想起了在故乡童年时代的'摇花乐'，还有那摇落的阵阵桂花雨。"这句应多几处停顿，如"于是，我又想起了／在故乡／童年时代的'摇花乐'，还有／那摇落的／阵阵桂花雨。"如同朗诵诗句一样放慢语速，令人回味无穷，朗读者和听者都沉浸在浓浓的思乡情之中。

| 教 | 学 | 建 | 议 |

课文语言清新自然，感情丰富真挚。思乡情感对于小学生来说还

是一个空白点，在教学中如何调动学生的生活经验并发挥想象力，让学生走进文本与文本对话，让学生走进作者与作者情感相融，是本课设计教学与朗读的重点。教学时建议先让学生初读课文，并概括课文主要内容。让学生朗读后画出重点语句，然后步步深入，渐入佳境。从作者盼望"摇桂花"的急迫心情到"摇桂花"时的快乐，引导学生阅读文字，从领会对话和动词入手，让学生分角色朗读并说说这样读的理由，在阅读中体验和感悟作者的急切和快乐之情以及对故乡往事的深深怀念。

课文围绕"桂花雨"分别表现出人物的不同情感："我"对桂花的喜欢、母亲对天气的担心、"我"盼望摇桂花的迫切心情、摇桂花时的欢乐、远离故乡之后的"我"对"摇花乐"的怀念。这些情感应通过有层次的朗读，用适当的语气、语调表达出来，如语速的快与慢、语调的高与低、语气的强与弱等。教师可作适当点拨，比如，选择一两处作示范朗读，或者请学生分别朗读，再作比较和评议。

课文中的许多情景都可以形成生动的画面。如桂花盛开时香飘十里的情景，摇落桂花时那飘洒的阵阵桂花雨等。这些情景可引导学生根据自己的生活积累和体验进行想象。如见过桂花的学生，可以回忆桂花盛开时的景象；北方学生没有见过桂花，可以联想自己家乡某种盛开的花树。又如，学生可能有淋雨的经历，雨丝飘落在头发、脖颈上的感受与课文中"桂花雨"的飘落有相似之处，可让学生由雨及花，想象桂花飘落在身上的情景和感受。还可以发挥课文插图的作用，引导学生仔细看图，观察人物的动作、神态，想象人物的内心感受。

第13课　少年中国说（节选）

原|文|呈|现

　　故今日之责任，不在他人，而全在我少年。少年智则国智，少年富则国富，少年强则国强，少年独立则国独立，少年自由则国自由，少年进步则国进步，少年胜于欧洲则国胜于欧洲，少年雄于地球则国雄于地球。

　　红日初升，其道大光。河出伏流，一泻汪洋。潜龙腾渊，鳞爪飞扬。乳虎啸谷，百兽震惶。鹰隼试翼，风尘吸张①。奇花初胎，矞矞皇皇②。干将发硎，有作其芒③。天戴其苍，地履其黄④。纵有千古，横有八荒⑤。前途似海，来日方长。

　　美哉⑥，我少年中国，与天不老！壮哉，我中国少年，与国无疆！

注释

① 〔鹰隼试翼，风尘吸张〕鹰隼展翅试飞，掀起狂风，飞沙走石。隼，一种凶猛的鸟。

② 〔矞矞皇皇〕华美瑰丽，富丽堂皇。

③ 〔干将发硎，有作其芒〕宝剑在磨刀石上磨出来，发出耀眼的光芒。干将，古代宝剑名。硎，磨刀石。

④ 〔天戴其苍，地履其黄〕头顶着苍天，脚踏着黄土大地。

⑤ 〔八荒〕指东、南、西、北、东南、东北、西南、西北八个方向上极远的地方。

⑥ 〔哉〕表示赞叹，相当于"啊"。

文本简析

　　课文写于1900年，是作者梁启超流亡日本时所作。梁启超，字卓如，号任公，清末"戊戌变法"的主要人物之一。变法失败后，他流亡日本，但他并没有就此放弃变法图强的努力，到日本的当年就创办了《清议报》，通过媒介竭力推动维新运动的继续发展。为唤起人民的爱国热情，激起民族的自尊心和自信心，梁启超写下了这篇《少年中国说》。文中对清廷的腐败和列强的侵略深表愤慨，对未来之中国则充满乐观自豪，全文洋溢着昂扬进取的气概和以天下为己任的责任感，表现出可贵的爱国热情。

　　《少年中国说》是梁启超极具代表性的爱国主义作品，最初发表在《清议报》上的原文三千余字，选作课文的节选部分是原文中极具壮志豪情的三段文字。课文第1自然段论证了中国少年对国家的责任，一气贯穿，从"智"到"富"到"强"再到"独立"到"自由"，到"进步"到"胜于欧洲"最后到"雄于地球"。层层递进，鼓励少年肩负起建设富强中国的重任，寄托了作者对中国少年的热爱和期望。课文第2自然段是对少年中国和中国少年的热烈赞颂。作者以一连串的形象比喻将读者拉入了少年中国壮丽的前景图之中。课文第3自然段是作者对"我少年中国""我中国少年"未来的展望：只要青年一代能完成这一使命，一个"与天不老""与国无疆""美哉""壮哉"的少年中国便会巍然屹立于世界。

　　课文语言高度凝练、概括，气势宏大，感情饱满。文中还采用韵文体式，句式整齐，音节和谐，四字一句，全文押"ang"韵；比喻、排比、对偶等修辞手法的运用、典故的引用都使课文具有较强的说服力和感染力，读起来铿锵有力，朗朗上口。

朗读指导

课文讴歌了祖国未来的英姿及其光辉灿烂的前程，对肩负着建设少年中国重任的中国少年寄予无限希望。这样的爱国名篇，不论何时何地读之，总能荡人肺腑，动人心魄。所以朗读这篇课文的时候应饱含感情，注意停顿、重音和升降调的运用。

"少年"二字象征着朝气与希望，是作者在文中极力表达的对象，是贯穿全文的主线，无论是中国的少年，还是少年的中国，都寄托着作者无限的深情，因此题目中的"少年"二字应重读，稍有停顿后接"中国说"三字，语速适中，语调上扬，不拖音。

课文第1自然段首句总的指出建设之责任不在他人而在我少年。"故"之后稍作停顿，紧连后文，"今日之责任"宜读得深沉缓慢，读出"任重而道远"的意味。"不在他人"与"而全在我少年"具有转折关系，"而"读重音的同时需稍作停顿。"少年"与"他人"形成对比，用重读的方式突出少年，语调上扬，语气激昂，读出我们作为少年人的自信，读出我们勇于承担历史重责的气魄。首句作为领属性的句子，朗读完后停顿稍长，突出其总括感。"少年智则国智"至句末为排比句，把少年和国家的关系紧紧地联系在了一起，几个分句层层递进，句子也渐次加长，一气呵成，气势豪迈，传达出意不可止的力量感。"智""富""强""独立""自由""进步""胜于欧洲""雄于地球"均重复两次，需要重读的同时与下文有短暂的停顿，将少年的自信、斗志昂扬用激昂的语气表达出来，也体现了少年未来则为国之未来，二者命运息息相关。由于句子结构相似，排列紧凑，富有节奏感和旋律感，朗读时语调渐扬，语速渐快，语气高昂，读出层次感，似峰峰紧连，层层深入地表现少年担负的责任之重大。

课文第2自然段，用二十个四字短语和一连串的形象比喻，将读者拉入了少年中国壮丽的前景图之中。逢双句押韵的韵文体式更是将课文的感情推向高潮，使读者的心灵受到强大的震撼和鼓舞。朗读这一段时尤其要注意语气、语调的变化，读出节奏感。"红日初升，其道大光。河出伏流，一泻汪洋。"这两句是对自然景观的描述，朗读时要注意视角的变换。红日缓缓升起，隐喻少年的朝气蓬勃，视角向上，语调宜上扬，营造出太阳刚刚缓缓升起之势。"其道大光"，视角转向地面，语势回归，语调稍降，读音渐次下行，应读得稍缓且字音稍有延长，将道路上充满霞光的盛景用语音延长的方式表现出来。下一句河水同属于低视角，起始语调不宜过高，语速稍增快，且"出"需重读，营造江河水流喷涌而出自西向东的流动之感；"一泻汪洋"与前文连接，气韵相连，无明显的停顿，"一泻"二字语音上扬，顺接"汪洋"二字，"汪"与"洋"二字均要拉长，读音渐次上扬，营造出飞瀑流泉汹涌的奔泻感，读出少年心中也如这汪洋般抑不可止的壮志豪情。下文展现的"潜龙""乳虎""鹰隼"都是具有力量感的动物，朗读时语速应变快，声音洪亮，读音渐次上扬，自"潜龙腾渊"至"风尘吸张"一气呵成，"扬""惶""张"等韵脚要读得干脆有力，减少句子间的停顿，读出动态的灵动之感，读出少年中国崛起之势。稍稍停顿片刻后，调整气息接读下文，"奇花初胎，矞矞皇皇。干将发硎，有作其芒。天戴其苍，地履其黄。"朗读时，句子间气韵相连，读音渐次上扬，将顶天立地的少年形象读出来。"纵有千古"语调渐升，语音拉长，读出少年中国拥有几千年文明历史的纵深感，"横有八荒"语势回落，语调渐降，字字语音拉长，读出少年中国疆域辽阔之感。"前途似海，来日方长。"这句展现了一个未来拥有无限可能的少年形象，朗读时，注意"海"属上声调类，语调稍扬，语音稍稍延长与下文"来日方长"间稍有停顿，"来日方长"四字语音均应稍稍拖长，语调上扬，声音饱满，读出自信，读出气势。

课文最后一个自然段是对我"少年中国""中国少年"未来的展望，短短二十二字，将爱国热情、奋进精神发挥到了极致。朗读这两句时语势逐渐高进，就如步步登山般步步高升。"美"与"壮"是对少年中国、中国少年的直接赞美，宜读重音，语调上扬，读出自豪之感。句末语气词"哉"应适当延长语音顺连下文，语速加快，语调要高亢，读出豪迈感。读至"与国无疆"四字时语气要坚定、不宜拖音，要果断地收住，把思想感情的表达带入最高潮。

| 教 | 学 | 建 | 议 |

作者梁启超写下这篇文章时，正值国内动乱不堪，他本人也是有家难归，流亡异国，他所写出来的文字却让读者感受不到灰心丧气的情绪，字里行间洋溢着一股昂扬奋发的朝气。文中排比与比喻的连珠喷发，使得文章颇有江水滔滔之感，蓬勃的气势来源于抑制不住的激情，而这激情又源于感愤深重。

教师在教学中首先有必要就作者梁启超以及其作品创作背景等有关历史和同学们展开讨论，结合梁启超文章的主要特点以及创作背景，激发学生的爱国之心，这对于学生理解课文具有重大意义。

其次，在具体的教学中，教师还要引导学生充分关注课文语言表达的特点，感受课文整齐对仗、气势宏大、凝练概括、富于激情的语言特点，同时引导学生有层次地分析文本句式，培养语感、积累语言、陶冶情操。

最后教师在教学过程中，要引导学生将作者对国家前途满怀信心的豪迈感情解读出来，并以此作为指导朗读的重点，指导学生在理解文意的基础上背读，在背读的过程中加深理解，学生不仅可以背出课文,掌握句子的语言表达形式,而且可以与作者的思想感情产生强烈的共鸣。

第14课 圆明园的毁灭

| 原 | 文 | 呈 | 现 |

圆明园的毁灭是中国文化史上不可估量的损失,也是世界文化史上不可估量的损失!

圆明园在北京西北郊,是一座举世闻名的皇家园林。它由圆明园、绮春园和长春园组成,所以也叫圆明三园。此外,还有许多小园,分布在圆明园东、西、南三面,众星拱月般环绕在圆明园周围。

圆明园中,有金碧辉煌的殿堂,也有玲珑剔透的亭台楼阁;有象征着热闹街市的"买卖街",也有象征着田园风光的山乡村野。园中许多景物都是仿照各地名胜建造的,如海宁的安澜园、苏州的狮子林、杭州西湖的平湖秋月;还有很多景物是根据古代文人的诗情画意建造的,如蓬岛瑶台、武陵春色。园中不仅有民族建筑,还有西洋景观。漫步园内,有如漫游在天南海北,饱览着中外风景名胜;流连其间,仿佛置身在幻想的境界里。

圆明园不但建筑宏伟,还收藏着最珍贵的历史文物:上自先秦时代的青铜礼器,下至唐、宋、元、明、清历代的名人书画和各种奇珍异宝。所以,它又是当时世界上最大的博物馆、艺术馆。

1860年10月6日,英法联军侵入北京,闯进圆明园。他们把园内凡是能拿得动的东西,统统掠走;拿不动的,就用大车或牲口搬运;

实在运不走的，就任意破坏、毁掉。为了销毁罪证，10月18日和19日，三千多名侵略者奉命在园内放火。大火连烧三天，烟云笼罩了整个北京城。我国这一园林艺术的瑰宝、建筑艺术的精华，就这样化为一片灰烬。

文|本|简|析

　　圆明园被誉为"万园之园"，艺术价值极高。1860年10月6日至17日英法联军劫掠园中珍宝十一天，并纵火焚毁三天三夜。雨果在1861年写道："有一天，两个强盗走进圆明园，一个抢了东西，一个放了火。仿佛战争得了胜利便可以从事抢劫了……在历史的面前，这两个强盗，一个叫法兰西，一个叫英吉利。"

　　课文一开始点明了圆明园是我国及世界文化的壮举，它的毁灭是文化史上不可估量的损失。接着分三个层次对圆明园辉煌的景观进行了介绍。首先介绍了圆明园的位置与总体布局；其次介绍了圆明园中的景点；第三，对圆明园内收藏的历史文物和奇珍异宝，及其文化艺术价值进行了介绍；最后讲述了英法侵略者毁灭圆明园的强盗行径。

　　课文描述了圆明园昔日辉煌的景观和惨遭侵略者肆意践踏而毁灭的景象。课文语言简洁，结构严谨，构思颇具匠心。课文题目为"圆明园的毁灭"，却用了大量的篇幅写它辉煌的过去，把美的东西毁灭了，如此巨大的悲剧，更能激起读者的痛心与仇恨。课文表达了作者对祖国灿烂文化的无限热爱，对侵略者野蛮行径的无比仇恨。

　　选编本篇课文的意图是引导学生把阅读、感悟、想象结合起来，把搜集与整理、运用资料结合起来，再现圆明园昔日的辉煌壮观，让学生记住屈辱的历史，增强民族使命感。

| 朗 | 读 | 指 | 导 |

全文共有五个自然段，可以分为三个部分。

第一部分（第1自然段）概括地讲圆明园的毁灭是中国和世界文化史上不可估量的损失。

朗读时要让学生体会到这个自然段在全文所起的作用，前后两个分句都用到"不可估量"，要让学生认识到读这个词的时候心情——悲痛、沉重、愤怒，这也定下了全文的朗读基调。所以"不可估量"要用重音来处理，每个字要读得清晰分明。

第二部分（第2~4自然段）分别从三个方面介绍了圆明园的辉煌景观，当年的圆明园不但建筑宏伟、景观多样，而且还收藏着最珍贵的历史文物。指导学生朗读这部分的时候，要让学生体会到作者饱含的对祖国的灿烂文化无比热爱的思想感情，认识到圆明园是我国劳动人民智慧的结晶，是世界园林史上的奇迹。所以这部分的朗读应该用赞美的语气。

第2自然段是第一层，介绍了圆明园的位置与总体布局。首句的"举世闻名"突显了圆明园在世界园林史上的重要地位，雨果曾说："有一座言语无法形容的建筑，某种恍若月宫的建筑，这就是圆明园。"尾句中的"众星拱月"一词，学生并不一定能感受到，教师要在解读生词或者出示图片的基础上，让学生理解这个词，更好地读出圆明园的布局特点。

第3自然段是第二层，介绍了圆明园的种种景观，突出了它在园林建筑上的杰出成就。这里提到了圆明园中一些有代表性的景点的名称，朗读之前可以让学生交流自己的旅游经验或课下搜集的相关资料，并且根据旅游见闻或手头资料发挥想象力，让课文中的文字在学生心里浮现成一幅幅生动的画面，从而充满对这些景点的无限向往，也更增加对圆明园胜景的赞叹。此处可以分别让学生用自己的朗读来展示圆明园中那宏伟的殿堂、小巧的亭台楼阁、热闹的街市与幽静的自然风光。"漫步园内，有如漫游在天南海北，饱览着中外风景名胜；流连其间，仿佛置身在幻想的境界里。"请同学讨论并理解这句话，教师给予适当指导。这一句话中用"有如""流连""仿佛"这些词语进一步点明了游览圆明园的感受，对园内汇聚天下风光的迷人景色和融合中外风格的建筑艺术，作者表达了由衷的赞叹。朗读这句时，也应读出深深的陶醉之感。这个自然段应该成为朗读课文的高潮。

值得一提的是，本段中运用了多个四字词语，如"金碧辉煌""玲珑剔透""亭台楼阁""山乡村野""平湖秋月""蓬莱瑶台""武陵春色""诗情画意""风景名胜"，教师应为学生特别指出这些四字词语，并指导学生理解词义、读准字音，既认识到它们在描写圆明园时所起到的精妙作用，也认识到汉语语音朗读时的音韵起伏之美。

第4自然段是第三层，介绍了圆明园内收藏的历史文物和奇珍异宝，突出了它的文化艺术价值。小学生的历史知识储备情况不同，此时教师有必要给学生梳理从先秦至清朝，大约两千三百多年的时间，也可以让学生背诵一下历史朝代歌诀，让他们的脑海中形成一定的年代概念，在如此漫长的时间里，想想会有多少名人字画和奇珍异宝，学生就会联想到"应有尽有、不计其数、成千上万、数不胜数……"这样的词语以至画面，所以读这个自然段时自然就会对圆明园的无数宝藏产生深深的赞叹之情，油然而生一种自豪感。

第三部分（第5自然段）写英法联军毁灭了圆明园。经过前文学习，学生认识到圆明园往昔的辉煌精美，所以在读到第三部分英法联军抢掠和火烧圆明园时，胸中就会充满对帝国主义强盗的愤怒，这一部分应该用愤怒痛恨的语气朗读。根据朗读语气"怒则气粗声重"的规律，

"掠""毁""烧"这三个字概括了侵略者的强盗行径,"统统""任意"又体现了侵略者的野蛮暴行,都宜重读。教师引导学生感受"大火连烧三天"这部分内容时,可以将"三天"具体化为4320分钟,再让学生认识到烧毁一幅历史名画仅用几秒钟,烧掉一个建筑物,比如文中提到的"安澜园""狮子林""蓬岛瑶台",只需几分钟;之后通过多媒体播放大火焚烧圆明园的镜头,烈火熊熊,浓烟滚滚……教师可以以"无声"的方式播放,此时无声胜有声,于无声处听惊雷,烧焦的梁木带着火苗往下砸,珍宝字画在大火中灰飞烟灭,精美的园林建筑相继坍塌……一幅幅画面让学生心中涌动着痛苦和愤怒的情绪,建立在此时深刻感受基础上的朗读,就一定会富有强烈的感情。"我国这一园林艺术的瑰宝、建筑艺术的精华,就这样化为一片灰烬。"学生在理解课文的基础上,对圆明园的毁灭充满了痛惜之情,悲则气沉声缓,所以读这一句要放慢要压低,"就这样"之后要停顿,以引发学生内心形成放圆明园被烧毁的画面,"化为"要充满痛惜感,然后再读出"一片灰烬",余韵悠长,让人感慨不已。

教 学 建 议

课文文字优美,字里行间饱含了作者强烈的思想感情,教学时可以以情激情,以读激情,以景激情,以史实激情,特别是要重视以读激情,充分体现阅读教学"以读为本"。

通过交流课前收集的资料,运用多媒体课件,把学生带入创设的情境中,引导他们把最感兴趣的景观想象出来,并谈一谈自己的脑海里浮现的画面。感受到圆明园的瑰丽与辉煌再去读圆明园的毁灭,更能激发学生对侵略者野蛮行径的无比仇恨,激发人们不忘国耻,增强振兴中华的责任感和使命感。

由于语言文字的局限性、学生理解想象能力的有限性及类似生活体验的缺乏性，使得学生仅仅借助课文抽象的语言文字很难深切感受圆明园当年的辉煌。俄国教育家乌申斯基说过："儿童常常是依靠形象、颜色、声音的感觉来进行思维的。"在网络资源中不仅有丰富翔实的文字资料，更有大量鲜明可感的图像、声音、影视资料。利用网络以及多媒体功能，虚拟再现圆明园当年的辉煌景观，播放《火烧圆明园》的电影片段等，让学生目睹并亲身感受，入情境，进角色，动真心，吐真情，进而加深对课文内容的理解。

　　多媒体功能毕竟是辅助，语文课还是要深入挖掘文本，引导学生抓住语言文字体会课文表达的思想感情，结合相关资料让学生了解中华民族受尽屈辱的历史。让学生受到爱国主义的熏陶感染，增强历史责任感与使命感。

第16课　太　　阳

| 原 | 文 | 呈 | 现 |

　　有这么一个传说，古时候，天上有十个太阳，晒得地面寸草不生。人们热得受不了，就找一个箭法很好的人射掉九个，只留下一个，地面上才不那么热了。其实，太阳离我们约有一亿五千万千米远。到太阳上去，如果步行，日夜不停地走，差不多要走三千五百年；就是坐飞机，也要飞二十几年。这么远，箭哪能射得到呢？

　　我们看到太阳，觉得它并不大，实际上它大得很，约一百三十万个地球的体积才能抵得上一个太阳。因为太阳离地球太远了，所以看上去只有一个盘子那么大。

太阳会发光，会发热，是个大火球。太阳的温度很高，表面温度有五千多摄氏度，就是钢铁碰到它，也会变成气体。

太阳虽然离我们很远很远，但是它和我们的关系非常密切。有了太阳，地球上的庄稼和树木才能发芽，长叶，开花，结果；鸟、兽、虫、鱼才能生存，繁殖。如果没有太阳，地球上就不会有植物，也不会有动物。我们吃的粮食、蔬菜、水果、肉类，穿的棉、麻、毛、丝，都和太阳有密切的关系。埋在地下的煤炭，看起来好像跟太阳没有关系，其实离开太阳也不能形成，因为煤炭是由远古时代的植物埋在地层底下变成的。

地面上的水被太阳晒着的时候，吸收了热，变成了水蒸气。空气上升时，温度下降，其中的水蒸气凝成了无数的小水滴，飘浮在空中，变成云。云层里的小水滴越聚越多，就变成雨或雪落下来。

太阳晒着地面，有些地区吸收的热量多，那里的空气就比较热；有些地区吸收的热量少，那里的空气就比较冷。空气有冷有热，才能流动，成为风。

太阳光有杀菌的作用，我们可以利用它来预防和治疗疾病。

地球上的光明和温暖都是太阳送来的。如果没有太阳，地球上将到处是黑暗，到处是寒冷，没有风、雪、雨、露，没有草、木、鸟、兽，自然也不会有人。一句话，没有太阳，就没有我们这个美丽可爱的世界。

文本简析

课文是一篇科普短文，介绍了和太阳相关的一些知识，说明太阳和人类有着非常密切的关系。课文共八个自然段，内容分为两大部分。第一部分为前三个自然段，分别从三个方面介绍了太阳的有关知识，一个是"远",一个是"大",一个是"热";第二部分为第 4 至 8 自然段,讲人类和太阳的密切关系。太阳虽然距离我们那么远,但是太阳那么大,温度那么高,同样能给地球送来适合人类生存的光明和温暖,我们生活的世界才会这么美丽可爱。

运用多种说明方法来说明事物,也是课文写法上的重要特点。课文在介绍太阳的特点时,运用列数字、举例子、作比较、打比方等多种方法,科学地介绍了有关太阳的多方面知识,使一些抽象的或不好懂的知识显得具体、通俗、明了,给人留下了深刻的印象。

用词严谨,表达生动,是课文语言的主要特点。同时,课文结合神话传说,体现了科学小品文语言表达的生动形象性。全文融科学性、艺术性和思想性于一体,在介绍科学知识的同时,又能激发读者的情感,启迪读者的思想。

朗 读 指 导

本课的教学重点是引导学生在自主阅读的过程中领悟"没有太阳,就没有我们这个可爱的世界"的道理。可先让学生通读课文,至少读上两遍,使学生大体了解课文内容。然后,可提出"课文是从哪几个方面说明太阳的特点的","太阳和地球有哪些密切关系"等问题,引导学生细读课文,并在细读课文的基础上,组织学生交流、讨论。通过交流、讨论,使学生从几个方面领悟太阳与人类的密切关系。

课文虽然是说明文,但语言优美,文字流畅。可以出示一些句子,通过范读、领读等方式,指导学生读出恰当的停顿,读出轻重缓急,表达应有的感情。以下六个例句可供参考:

1."有 / 这么 / 一个传说,古时候,天上 / 有 / 十个太阳,晒得地面 / 寸草不生。""有"后面稍停顿,读"这么"这个词时语气可稍重些，之后语气稍变，用娓娓道来的语气读"古时候，……"，"十个"要作为主重音处理，突出太阳之多；"寸草不生"是十个太阳照射造成的后果，作为次重音处理。

2."太阳／虽然离我们／很远很远，但是／它和我们的关系／非常密切。""太阳"之后要适当停顿；"很远很远"和"非常"要读得重些。"但是"这个转折关联词也要读得重些，读后停顿一下，突出后面强调的太阳与"我们"的关系。

3."我们吃的粮食、蔬菜、水果、肉类，穿的棉、麻、毛、丝，都和太阳有密切的关系。"每个顿号前后的名词，都应该有所停顿，读得分明。

4."地球上的光明和温暖都是太阳送来的。"句中的"光明""温暖"都应重读，以体现太阳造福于人类的巨大作用，"都"作为副词此处也要重读，强调所有的一切都是太阳带来的。

5."如果没有太阳，地球上将到处是黑暗，到处是寒冷"，通常情况下关联词要作为重音，但是这句话里"没有"音量应强于"如果"，因为这种假设一旦出现，后果将不可想象，所以读的时候"如果没有太阳"中的"没有"要加以强调。

6."没有太阳，就没有我们这个美丽可爱的世界。"句中两个"没有"都应该作为重音，但是前边的"没有"应弱于"太阳"，强调课文题目，强调所写对象。"就没有我们这个／美丽可爱的世界"中的"这个"后面可以停顿，"美丽可爱"从而得以突出。

课文在介绍太阳时采用了多种说明方法，朗读时要注意体会这些说明方法的表达效果。

作比较是课文中的一种说明方法，教学时要让学生找出课文中用不同方法描写太阳的句子，通过朗读引导学生在比较中体会这些说明方法的表达效果。如"……实际上它大得很，约一百三十万个地球的体积才能抵得上一个太阳"。用人们熟知的地球与遥远的看似"只有一个盘子那么大"的太阳相比较，能给人留下深刻的印象。"大得很"的印象就突出了，学生在下次朗读的时候就会特意加重。

列数字也是课文中的一种说明方法，从数量上说明事物特征或事理的方法，使语句更准确，更科学，更具体，更具说服力。数字要准确无误，估计数字要有可靠根据。如"……表面温度有五千多摄氏度"，此处可以让学生联系生活实际，认识到水沸腾的温度为一百摄氏度，学生通过联想感受到太阳温度之高，在朗读的时候自然会加重。

教 学 建 议

说明文的教学重点之一就是让学生理解文章结构的内在逻辑关联，从而认识事物之间的联系，积累科学知识。课文的叙述层次非常清楚，共有两部分内容，一是介绍有关太阳的知识，即"远""大""热"，二是说明太阳与地球有非常密切的关系。两部分内容有着内在的联系，正因为太阳很大很热，离我们又很远，所以才能给地球送来适当的光明和温暖。这两部分内容通过"太阳虽然离我们很远很远，但是它和我们的关系非常密切"这个句子自然连接，教学时要引导学生联系上下文理解这个句子所起的承上启下的作用。

课文从第 4 自然段开始写太阳和地球的密切联系，其中第 4 至 7 自然段分别列举了太阳对地球和人类的种种影响，第 8 自然段则用概括性的语言总结了第 4 至 7 自然段的内容。这样，太阳与地球的联系非常密切就让人信服了。第 8 自然段中"没有太阳，就没有我们这个美丽可爱的世界"这个句子很重要，教学时要引导学生联系第 4 至 7 自然段的内容和自己的生活体验来理解。

另外,课前可布置学生阅读与太阳有关的传说,比如后羿射日的故事,收集与太阳有关的资料,通过具体数据增加对太阳的认识。

第19课 父爱之舟

| 原 | 文 | 呈 | 现 |

是昨夜梦中的经历吧,我刚刚梦醒!

朦胧中,父亲和母亲在半夜起来给蚕宝宝添桑叶……每年卖茧子的时候,我总跟在父亲身后,卖了茧子,父亲便给我买枇杷吃……

我又见到了姑爹那只小渔船。父亲送我离开家乡去报考学校和上学,总是要借用姑爹那只小渔船。他同姑爹一起摇船送我。带了米在船上做饭,晚上就睡在船上,这样可以节省饭钱和旅店钱。我们不肯轻易上岸,花钱住旅店的教训太深了。有一次,父亲同我住了一间最便宜的小客栈,半夜我被臭虫咬醒,身上都是被咬的大红疙瘩。父亲心疼极了,叫来茶房,掀开席子让他看满床乱爬的臭虫和我身上的疙瘩。茶房说没办法,要么加点儿钱换个较好的房间。父亲动心了,但我年纪虽小却早已深深体会到父亲挣钱的艰难。他平时节省到极点,自己是一分冤枉钱也不肯花的,我反正已被咬了半夜,只剩下后半夜,就不肯再加钱换房子。

恍恍惚惚我又置身于两年一度的庙会中,能去看看这盛大的节日的确是无比的快乐,我高兴极了。我看各样彩排着的戏人边走边唱,看踩高跷走路,看虾兵、蚌精、牛头、马面……人山人海,卖小吃的挤得密密层层,各式各样的糖果点心、鸡鸭鱼肉都有。我和父亲都饿了,我多馋啊！但不敢，也不忍心叫父亲买。父亲从家里带了粽子，找个偏僻的地方，父子俩坐下吃凉粽子。吃完粽子，父亲觉得我太委屈了，领我到小摊上吃了碗热豆腐脑，我叫他也吃，他就是不吃。卖玩意儿的也不少，彩色的纸风车、布老虎、泥人、竹制的花蛇……虽然不可能花钱买玩意儿，但父亲很理解我那恋恋不舍的心思，回家后他用几片玻璃和彩色纸屑等糊了一个万花筒，这便是我童年唯一的也是最珍贵的玩具了。万花筒里那千变万化的图案花样，是我最早的抽象美的启迪者吧！

父亲经常说要我念好书，最好将来到外面当个教员，所以我从来不缺课，不逃学。读初小的时候，遇上大雨大雪天，路滑难走，父亲便背着我上学。我背着书包伏在他背上，双手撑起一把结结实实的大黄油布雨伞。他扎紧裤脚，穿一双深筒钉鞋，将棉袍的下半截撩起扎在腰里，腰里那条极长的粉绿色丝绸汗巾可以围腰两三圈，那还是母亲出嫁时的陪嫁呢。

初小毕业时，我考取了鹅山高小。要住在鹅山当寄宿生，就要缴饭费、宿费、学杂费，书本费也贵了，于是家里粜稻、卖猪，每学期开学要凑一笔不少的钱。钱很紧，但家里愿意把钱都花在我身上。我拿着凑来的钱去缴学费，感到十分心酸。父亲送我到学校，替我铺好床，他回家时，我偷偷哭了。这是我第一次真正心酸的哭，与在家里撒娇的哭、发脾气的哭、打架的哭都大不一样，是人生道路中品尝到的新滋味了。

我唯一的法宝就是考试，从未落过榜。我又要去报考无锡师范了。

为了节省路费，父亲又向姑爹借了他家的小渔船，同姑爹两人摇船送我到无锡。时值暑天，为避免炎热，夜晚便开船，父亲和姑爹轮换摇橹，让我在小舱里睡觉。但我也睡不好，因为确确实实已意识到考不取的严重性，自然更未能领略到满天星斗、小河里孤舟缓缓夜行的诗画意境。船上备一只泥灶，自己煮饭吃，小船兼作旅店和饭店，节省了食宿费。只是我们的船不敢停到无锡师范附近，怕被别的考生及家长见了嘲笑。

老天不负苦心人，他的儿子考取了。送我去入学的时候，依旧是那只小船，依旧是姑爹和父亲轮换摇船。不过父亲不摇橹的时候，便抓紧时间为我缝补棉被，因我那长期卧病的母亲未能给我备齐行装。我从舱里往外看，父亲那弯腰低头缝补的背影挡住了我的视线。后来我读到朱自清先生的《背影》时，这个船舱里的背影也就分外明显，永难磨灭了！不仅是背影时时在我眼前显现，鲁迅笔底的乌篷船对我也永远是那么亲切。虽然姑爹小船上盖的只是破旧的篷，远比不上绍兴的乌篷船精致，但姑爹的小渔船仍然是那么亲切，那么难忘……我什么时候能够用自己手中的笔，把那只载着父爱的小船画出来就好了！

……醒来，枕边一片湿。

文 | 本 | 简 | 析

课文作者吴冠中（1919—2010）是我国现代著名画家，代表作品有画作《鲁迅的故乡》《北国风光》等。《父爱之舟》是一篇散文，文章围绕着姑爹的小渔船展开故事，内容取自作者回忆中的具有代表性的"住店风波""庙会一游""初小回忆""高小回忆""考学路上"五件事。"父爱之舟"既指姑爹的渔船，也指父亲的爱。课文写出了父亲深沉的爱子之情，也抒发了儿子对父亲的怀念和对父爱的深深感谢。

作者借梦入题，围绕着姑爹那只小渔船，以第一人称的叙述视角，分别叙述了五件不同的事情，按照回忆中时空的变换组织全文，详略得当地呈现了思维的节奏感和跳跃性。

虽然是散文作品，但字里行间也能见到这位著名画家水墨画般的工笔与白描相结合的描写功力，勾勒出一幅幅父子之间的动人画面。详细的描写主要集中在第 4 至 6 自然段和第 8 至 9 自然段。在这几处描写中，作者选择的描写对象不尽相同。第 4 自然段的描写对象主要是庙会的环境，采用的是环境描写；第 5 自然段的描写对象主要是父亲，采用的是动作描写；第 6 自然段的描写对象主要是"我"，采用的是心理描写等，疏密有致地表现了"我"和父亲之间永难磨灭的爱。

课文也善于运用映衬的手法。比如，用鲁迅笔下的乌篷船映衬姑爹的小渔船，鲁迅笔下的乌篷船也与承载父爱的姑爹的小渔船一般亲切、难忘，可谓神来之笔，更显出了父爱之情的深挚，"我"对父爱的珍视。

朗 读 指 导

课文首句："是／昨夜梦中的经历吧，我刚刚梦醒！"朗读前半句时，以舒缓回味的语调推出，"梦中"要重音强调，语音逐渐上扬，读到"梦醒"时音调逐渐下抑，音量减弱，给人以带入梦境之感，将读者带入作者的回忆之中。相应地，课文最后一句"……醒来，枕边一片湿"与文首呼应，语速宜放缓慢。

课文中主要写了五幅画面：

第 3 自然段的画面"住客栈"。"父亲心疼极了"中"心疼极了"几个字要连读，表现出父亲看见"我"受罪时心里的不忍。"父亲动心了"中"动心"要重读，与"心疼"呼应，表现出父亲的爱。"一分""不肯花"这两个词在朗读时可以通过重音强调，用映衬的手法让人们感受到家庭生活的艰苦，但是即使生活再艰苦父亲也一心为我着想。

　　第4自然段的画面"逛庙会"，在这幅画面中要注意读出节奏的变化。"看踩高跷走路，看虾兵、蚌精、牛头、马面……"在这句话中每一个逗号、顿号之间的停顿都要缩短，每个词语的朗读都要有跳跃感，声音短促、清脆，表现出小孩子无比高兴，为后文父亲理解"我"的心思做铺垫。"密密层层""各式各样""多馋啊"，朗读时语气加重，与后文父亲带"我"去吃热豆腐脑相对应。"他就是不吃"中的"就是"要重读，强调父亲的意念坚决，在他心里只有孩子，不顾自己。父亲是理解"我"的心思的，于是为"我"做了万花筒。在朗读这一部分时，要特别注意将"唯一""最珍贵""最早"这几个词语放慢语速朗读，表达出"我"对父亲的爱。尤其是这幅画面的最后一句"万花筒里那千变万化的图案花样，是我最早的抽象美的启迪者吧！"结尾是感叹号，这里的感叹是情感的宣泄，但是宣泄却不张扬，语音适当下抑。

　　第5自然段的画面"背我上学"，可以用叙述性的语气朗读。朗读时，注意突出其中的动词："背着""我"上学、"我""伏在"他背上，"撑起"一把雨伞，父亲"扎紧""扎在腰里"，突出父亲背"我"上学之艰难。

　　第6自然段的画面"高小回忆"。"这是我第一次真正心酸的哭，与在家里撒娇的哭、发脾气的哭、打架的哭都大不一样，是人生道路中品尝到的新滋味了。""第一次""真正""心酸"三个词语间可以略停顿，"新滋味了"语速要慢，给人留有余思之感。

　　第7自然段的画面"考学路上"，这是作者描绘得比较详细的画面。"父亲那弯腰低头缝补的背影挡住了我的视线。"朗读这个句子的时候声音轻柔，"弯腰""低头""缝补"三个词语之间略停顿，展现出父亲为"我"收拾行装时的辛勤劳作。"后来我读到朱自清先生的

《背影》时,这个船舱里的背影也就分外明显,永难磨灭了!"一句中的"分外明显"语音上扬,"永难磨灭"音调下抑,这样先扬后抑的处理,读出变化,突出难忘。"但姑爹的小渔船仍然是那么亲切,那么难忘……""那么难忘"朗读时要注意轻缓,读出意犹未尽之感。"我什么时候能够用自己手中的笔,把那只载着父爱的小船画出来就好了!"这一句前半句语音逐渐上扬,读出自问的语气,后半句越发抒情,"载着父爱""小船""画出来""就好了",词组间可稍停顿,"什么时候"语速缓慢,拉长。

教 学 建 议

课文中的描写,既有寥寥数语的白描,也有工笔细致的描绘。因此,建议朗读时要将细腻描绘部分作为指导的重点,采取中等偏慢的语速,声音轻柔,节奏舒缓,将细致描摹与朴素描写映照起来,读出画面感。在这部分中,尤其要注意指导学生读出其中的省略号表达的意思,可以带领学生结合上下文,用小组讨论的形式理解省略号在课文中的表达作用,用对比读的方式读好。

课文中共有 6 处省略号。其中第 2 自然段的两个省略号和第 4 自然段中的两个省略号,都表示举例的省略,在朗读时,类似"踩高跷走路""虾兵""蚌精""牛头""马面"等省略号前面的词语,属于并列式列举,需要重读且连读,省略号之后都要稍停顿再接下一句。第 9 自然段中的省略号表示思考正在进行,以此塑造回忆的感觉。在朗读的时候,句尾可以做延长和轻化的处理,制造一种思绪飘得很远的效果。第 10 自然段开头的省略号,作用在于表示之前的内容意犹未尽,需要将省略号前面的停顿延长一些,放慢速度,以营造回忆的情绪。

第21课　古诗词三首

原 文 呈 现

山居秋暝①

〔唐〕王维

空山新雨后，天气晚来秋。

明月松间照，清泉石上流。

竹喧归浣女②，莲动下渔舟。

随意春芳歇③，王孙④自可留。

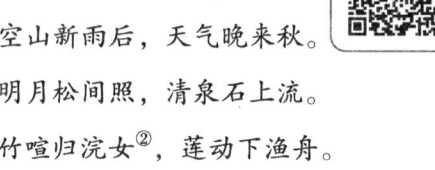

注释

①〔暝〕日落时分，天色将晚。

②〔浣女〕洗衣物的女子。

③〔歇〕尽。

④〔王孙〕原指贵族子弟，此处指诗人自己。

文 本 简 析

　　这首诗是唐代著名诗人王维的代表作之一。王维字摩诘，号摩诘居士，精通诗、书、画、音乐等，以诗名盛于唐开元、天宝年间，尤长五言，多咏山水田园，有"诗佛"之称。苏轼评价其曰："味摩诘之诗，诗中有画；观摩诘之画，画中有诗。"王维的山水诗大多写于后期，成就达到前所未有的高度，是他对中国古典诗歌的突出贡献。其中，写乡村景物和农家生活的山水田园诗充满着牧歌情调，表现了他闲逸潇洒的情趣和恬淡自适的心境。

本诗是一幅极其动人的山水画。诗中描绘了秋雨初晴后傍晚时分山村的清丽风光和山居村民的欢乐劳作场面，表现了诗人寄情山水田园并对隐居生活怡然自得的满足心情，以自然美来表现人格美和理想中的社会之美。此诗写景既有实写秋日傍晚雨后空旷山间的优美景色，又从光影、声响以及作者感悟着笔，境界空明澄澈。

朗 读 指 导

《山居秋暝》是一首五言律诗，格律严整。律诗起源于南北朝，成熟于唐初。八句，中间两联必须对仗。第二、四、六、八句押韵，首句可押可不押，通常押平声。分五言、七言两体。简称五律、七律，朗读这首诗的前提是了解诗人的经历和本篇的写作背景，才能正确把握朗读的基调。这首诗在写景的同时也暗含着作者的心境，对山间雨后清丽景色的陶醉之情，对隐居生活的渴望和满足，所以全诗应该是用一种明快的基调来朗读。全诗音步划分如下：空山／新雨／后，天气／晚来／秋。明月／松间／照，清泉／石上／流。竹喧／归／浣女，莲动／下／渔舟。随意／春芳／歇，王孙／自／可留。

首联"空山新雨后，天气晚来秋"照应题中"山、秋、暝（晚）"，既交代了时间——从时节上看是清朗的秋天，从具体时刻来看是静谧的傍晚时分，也交代了地点——山间。而以"空"形容山，更赋予空间幽谧的意味。此"空"非虚也，实乃清、静，既是写景，也是诗人内心世界的写照。所以"空"不妨读得空灵、飘忽一些，不要过于着力。"晚"亦很传神，既呼应诗题之中的"暝"，又曲折地道出了诗人盼秋故嫌秋来晚之情，所以这个字的读音可以用拖长加重的方式来处理。而此处的"秋"，没有悲愁萧索之意，全然一幅清新如洗的明丽景象，所以要用轻快的语调朗读。

颔联"明月松间照,清泉石上流"以其对仗工整、景物鲜活、章节谐和、风格灵动而卓绝千古,此句内在的审美特征在于诗人将无生命的"月、松、泉、石"写活了,相依相托。天色已晚,却有明月当空;群芳已谢,却有青松郁郁。山泉清冽,淙淙流泻于山石之上,有如一条洁白无瑕的素练在月光下闪闪发光,多么幽清明净的自然美啊!前一句明月朗照是静景描写,后一句山泉流泻是动景描写,所以前一句宜读得舒缓,以仄声结束,后一句马上提高语调,而且语速比前半句略快,以平声收尾,语调上扬,体现动静结合又有所差别的生动的景物特点。

颈联"竹喧归浣女,莲动下渔舟"与上联相映,动静相协、视听互动、情景交融。竹林里传来了一阵阵欢声笑语,那是一些天真无邪的洗衣姑娘踏月归来了;顺流而下的渔舟穿越亭亭玉立的莲丛,划破了荷塘月色的宁静。欢笑的浣女、划动的渔舟,又反衬出山村环境的寂静清幽。在这青松明月之下,在这翠竹青莲之中,生活着这样一群无忧无虑、勤劳善良的人。欢乐的声音、流动的画面,让人感觉山间生活幽寂却并不沉闷。这纯洁美好的图景,反映了诗人对安静纯朴生活的向往。这一联上下句前两个音节要读成"中重"格式,即"喧"比"竹"长,"动"比"莲"长;而上下联后三个音节中的第一个要作为重音,即"归"和"下",但是不要读得过重,可以用拖长的方式,体现出静中有动趣、动中有静意的丰富的审美层次。

尾联"随意春芳歇,王孙自可留"表达了作者意欲远离尘世归隐山林,不再回到纷纷扰扰的官场中的强烈愿望。即使"春芳"已歇,这美丽的秋景还是让"我"流连忘返,"我"还是愿意留居山中,不想返回浑浊的官场。"留"者"居"也,而"山居秋暝"之"居"不仅有自然的深情召唤,更是诗人心灵的驻足。这句要读出诗人对隐居生活的满足甚至陶醉之感,"随意"一词要读出旷达潇洒的意韵,"意""歇"略拖长,"王孙"为诗人自称,"留"也拖长,显示出朗读者与诗人一同沉醉于自然之美的怡然自得之感。

教 学 建 议

这首诗既是写景,也是言志,它借助景色描写表达诗人的人生理想,所以教师在教学时要介绍诗人的经历和生活背景,有助于学生更好地理解作品。在教学中,让学生在品读作品的基础上,从诗句中所描写的景色和形象入手,展开联想和想象,理解形象的特点及传达出的美感特征。王维的诗歌突出特点是诗中有画,所以教师可以启发学生把诗句中的景物描写用自己的语言描绘成一幅幅画面,通过讨论、交流,更深地认识到诗人写景之传神;也可以组织学生在学完本诗后进行诗配画的创作,以加深对诗情画意的认识和理解。

朗读则可以多种方式(名人视频、教师范读、学生分别朗读)反复进行,学生在逐步深入学习和理解的基础上,能更好地读出诗歌的韵味。

原 文 呈 现

枫 桥① 夜 泊

〔唐〕张 继

月落乌啼霜满天,
江枫渔火对愁眠。
姑苏②城外寒山寺③,
夜半钟声到客船。

注释

① 〔枫桥〕在今江苏苏州。

② 〔姑苏〕苏州的别称，因苏州有姑苏山而得名。

③ 〔寒山寺〕枫桥附近的一座寺庙，相传唐代僧人寒山曾住于此。

文 本 简 析

这首诗是唐代诗人张继途经寒山寺时写下的一首羁旅诗，据考证应为"安史之乱"之后所作。张继是一个重气节、有抱负、有理想的人，不仅有诗名，品格也受人敬重。他的诗爽朗激越，不事雕琢，对后世颇有影响。其友刘长卿作悼诗《哭张员外继》曰："世难愁归路，家贫缓葬期。"从中可见诗人在世时不受世人重视，生活清贫。

诗人在诗中精确而生动地讲述了一个乘飘摇客船的夜泊者对江南深秋夜景的观察和感受，勾画了月落乌啼、霜满寒天、江枫渔火、客船游子等景象，有景、有声、有色、有情。此外，这首诗也将作者羁旅之思、家国之忧，以及身处乱世不知归宿的愁苦充分地表现了出来，是写愁景愁情的代表作。对于"少年不识愁滋味"的小学生来讲，理解本诗通过写景营造的愁情是学习的难点。

朗 读 指 导

对于古诗词的诵读，历来就有主张"读书百遍，而义自见"，也有主张在充分理解文本的基础上再进行朗读。具体到这首古诗，教师有必要引导学生领会诗中所写景物的悲秋色彩，要注意朗读节奏的指导，从而有助于学生理解这首诗的多重意蕴和独特意境。

诗的前两句意象丰富，教师可以让学生结合生活经验感受景物之中的情绪。

首句音步划分应为"月落/乌啼/霜/满天",四个音步是由三个主谓结构构成的,即"月落""乌啼""霜满天",描写的主体突出,冷月、乌鸦、寒霜。起笔写月落,结合末句得知是夜半时分,所以月亮已呈下沉之态,往往月升令人喜悦,月落令人惆怅,这一处写诗人之所见。树上的乌鸦大约是因为月落前后光线明暗的变化,被惊醒后发出几声啼鸣,同样写鸟声,雀鸣让人欢乐,此处的乌啼带来几分凄厉之意,这一处写诗人之所闻。秋天夜晚的"霜"透着侵肌入骨的寒意,在幽暗静谧的环境中,人对夜凉的感觉变得格外敏感。"霜满天"的描写,并不符合自然景观的实际,却完全切合诗人的感受,这一处写诗人所感。总之,起句的朗读语调要低沉,语速要缓慢,"月""乌""霜"作为被描写对象,这三个字都要突出。"落""啼""霜"这三个字后面都要停顿,尤其"啼"可以拖得略长,使整个诗句的节奏更为舒缓。开头两个字都是降抑调,最后一个"天"虽为平声字,但是语调不要提升,因为这里不是写明朗晴天,而是写暗夜寒天,要读出沉郁的特点。

第二句的音步划分应为"江枫/渔火/对/愁眠"。所以在"枫""火""对""愁"这四个字后面都要拖长。枫叶是描写秋景最常见的意象,此处寒夜之中的江枫却全然不似"霜叶红于二月花"之中的鲜艳,在朦胧夜色的掩映下,与渔船上星星点点的灯火遥遥相对,这种独特的旷远清幽之美,也引发客船上诗人浓浓的愁绪。"江枫"与"渔火",一静一动,一暗一明,一江边,一江上,景物的对应组合颇见用心。"对愁眠"在朗读时几乎是一字一顿,体现诗人的心境,"眠"虽为阳平,但是也不要把语调提升,要用低沉的语调读出,体现辗转难眠之态。

第三句的音步划分应为"姑苏/城外/寒山/寺"。此句点名诗人所处之地,至于"寒山寺"之说,历来存有争议。一说寒山寺在枫桥附近,始建于南朝梁代。相传因唐代僧人寒山拾得曾住此而得名。另一种说法，"寒山"乃泛指肃寒之山，非寺名。无论哪一种说法，这个独特的景观也被赋予浓厚的历史凝重感与宗教肃穆感。前两句所写为自然之景，而枫桥的诗意美，因为毗邻这座古刹，便带上了历史文化的色泽而显得更加丰富，令人遐想。姑苏城自古繁华富庶，但是隔着暗夜寒江，仿佛披着一层朦胧的面纱，所以"姑苏"读得要轻柔，带一点缥缈的色彩，"城外"要拖长，点明寒山寺所在方位，"寺"既要拖长也要加重，寺庙自古以来就让人们感到神秘高远，这一字入诗给全诗的格调增加了一种高古之感。

第四句的音步划分应为"夜半／钟声／到／客船"。据许多人的实地查访，得知苏州和邻近地区的佛寺，有打半夜钟的风俗，因此唐人诗句中也时有所写。在幽静的暗夜之中，人的听觉极为敏锐，愁绪在怀的诗人则更是敏感，在他听来，静夜钟声给人的印象极为深刻。这样，"夜半钟声"就不但衬托出了夜的静谧，而且揭示了夜的清远寒寂，而诗人独处舟中、卧听寺钟时的种种难以言传的感受也就尽在不言中了。这句在"钟声"后要有个较长的停顿，让人回味，好像在倾听寒山寺传来的阵阵钟声，结尾的"船"虽为阳平，但还是要读成降调，更符合诗人羁旅行愁之心绪。

| 教 | 学 | 建 | 议 |

教学时可以紧紧抓住诗眼"愁"进行教学。引导学生想象古诗画面，感受诗人通过"月落""乌啼""寒霜""钟声"等意象表现出来的深深的"愁"，引导学生感受诗人漂泊在外、四处奔波的寂寞之愁、思乡之愁。然后，介绍作者，补充相关资料，引导学生感受诗人忧国忧民的愁、人生求索的愁。

古诗教学"教无定法",但是毋庸置疑朗读是最为关键的环节,要把朗读贯穿于课堂教学始终,通过反复朗读让学生理解诗句的意思,感悟到诗人发自内心的忧愁,充分发挥朗读对文本解读所起到的助读作用。

可以这样安排教学步骤:

一是教师范读,读出节奏。教师范读时也可以按古人最基本的读法:一声、二声可以读得稍微延长些;三声、四声可以读得略微短促些,比如"月落乌—啼—霜—满天—",要求学生在书上为每个字标上调号,然后根据老师的提示,并模仿老师的读法自由练读这首诗。

二是读懂诗句,读出韵味。教师引导学生研究诗题,发现其中隐含了枫树、桥、江、船、人五种景物,再引导学生小组讨论发现,朗读时的重音应该在"月落""江枫""对愁眠""夜半""客船"等词语上。

三是体味交流,读出画面。古诗的意境是诗中有画,画中有诗。教师引导学生小组合作朗读:边读边想象诗句所描绘的画面。在全班汇报交流:深秋的夜晚,月亮西沉,寒霜满天,诗人张继孤身在外,只有小船、渔火相伴,愁思满怀,辗转反侧,难以入眠。姑苏城外的寒山寺传来的钟声,沉重而悠远,使诗人张继感到非常惆怅。

四是补充背景,读出情感。教师在此基础上,设计提问:诗人却又看到什么?听到什么?(霜满天、渔火、乌啼、钟声)进而提问:诗人此时此刻要做什么?(对愁眠)帮助学生理解,因为"对愁"而夜不能寐,才有了眼中的景色,这些更使作者无法安眠,随即教师讲解张继此诗的创作背景,让学生理解作者夜不能寐的原因,进而理解朗读时上述词语要读得沉重缓慢一些,尤其是"愁",咬字要清楚,语气要低缓,呻吟可以略微延长。

原文呈现

长相思①

〔清〕纳兰性德

山一程，水一程，身向榆关②那畔③行，夜深千帐灯。风一更，雪一更，聒④碎乡心梦不成，故园无此声。

注释

① 〔长相思〕词牌名。

② 〔榆关〕山海关。

③ 〔那畔〕那边，这里指关外。

④ 〔聒〕声音嘈杂，这里指风雪声。

文本简析

本词的题目为词牌名，双调三十六个字，多用以抒发男女相思或亲朋久别的思念之情。这首词是被誉为"清代第一词人"的纳兰性德在随康熙皇帝到东北祭祖的路上所作的。纳兰性德出身于京城贵族之家，随侍出巡时冰天寒地、风雪交加，出关途中是那么荒凉，军旅生活是那么寂寞，于是写下了这首《长相思》，表达从军出征的人对故乡的思念。

词的上片表现白日在出关路途上的艰辛。山路蜿蜒曲折，水路浪高流急，队伍鞍马劳顿，只是为了向榆关那边走去。深冬的寒夜，苍穹之下、山野之中成片的军帐里透出的灯光，就像夜空中点点的繁星。词的下片表达了作者夜晚在军帐内的思乡之情。路途遥远，衷肠难诉，辗转反侧，夜不能寐，便觉呼啸的风声不绝于耳，就更是难以入睡，只有对故乡的思念在作者心头萦绕。

作者用特写镜头的方式向我们展现种种蕴含了丰富感情的意象：山、水、榆关、千帐灯、风、雪，无一不是写实，却无一展开描写，仅用短短三十六个字和种种意象的陈列，便点出了身在山野之中、心在千里之外的深沉思乡之情。

| 朗 | 读 | 指 | 导 |

词的上片的开头，直接把读者带进了壮观而苍凉的意境中。"山""水"是词中情感抒发的背景，需重读且与下文有明显的停顿。"一程"重复出现，表现出行旅离家乡愈行愈远的空间转换。"山一程"的读音要渐次上扬，"水一程"的读音则需渐次下抑，两句之间不停顿，用声音表现渐行渐远的动态和跋山涉水的艰辛。"身向榆关那畔行"中的"身"宜重读，突出行旅跋涉的沉重，"榆关"之后稍顿，"那畔行"三字声音要气缓而绵长，表现出征途遥远。"夜深千帐灯"这五字将读者的视野从山水之间急速拉近至眼前山谷的顶顶军帐之中。"夜深"二字与下文之间要有明显停顿，读出长夜漫漫的感觉；"千帐灯"三字拖长，"千"重读，表现军队的庞大，"灯"语调略扬，表现出一种人人夜无眠的意境。

词的下片直接抒发了思乡之情。帐外风雪不停，"风""雪"二字宜重读，以衬托帐内人人无眠的氛围。重复出现的"一更"，要读得清晰悠长。"风一更"的读音要渐次上扬，"雪一更"的读音则需渐次下抑，两句之间不停顿，表现出一夜无眠的时间感。"聒碎乡心梦不成"中的"聒碎乡心"语速渐快、语调渐强，至"心"戛然而止，"乡心"是全词的核心，自然声调要高；而"梦不成"三字应读得缓慢低沉，与前四字的朗读形成一种情感上的巨大落差，以突出诗人连午夜梦回的经历都没有，这种无奈和伤感，将全词的情感抒发推向高潮。结句"故园无此声"要与前文紧密相连，"故园"之后再稍作停顿，"无此声"三字的语调要舒缓平直，"无"音高，"声"延长，让绵绵的思乡之情在听者心头萦绕不止。

教 学 建 议

古诗词的教学，主要是让学生了解和认识灿烂的中华民族传统文化，塑造正确的情感态度和价值观，体味民族语言的优美与典雅，形成母语书面语语感。在此过程中，朗读便是一种重要的教学手段。本词的教学设计，应包括如下几个环节：

一是借助注释，读准字词。由读准生字、多音字开始，要求读得字正腔圆："风一更"的"更"此处读第一声，"聒碎乡心"的"聒"是个生字，让学生自己动手查字典，读准"guō"音。

二是弄懂词意，读准节奏。要求学生借助注释理解词义，在朗读实践中将词中长句读得抑扬顿挫、停顿适当："身向榆关／那畔行，夜深／千帐灯。""聒碎乡心／梦不成，故园／无此声。"在此过程中，要注重朗读技巧的指导。

三是展开想象，读进"词境"。教师可以利用品词析句的方法，帮助学生形成想象。比如，设计提问：词人"身"在哪里？"心"又在何处？"一更""一程"的反复用法，表达了什么？为什么说"梦不成"？等等，让学生小组合作诵读与讨论，把学生带入"词境"，想象词中意象所构成的画面，理解纳兰性德的愁思，从整体上感悟词人思念家乡的强烈之情。接着，教师利用配乐范读或者音频朗读课文，声情并茂地将学生引进词的境界,让学生在音乐和语言的感召下,展开想象,通过形象再现,走进词人的内心世界,走进他的征途。

四是反复诵读,读出情感。教师再次让学生在音乐中想象画面,在想象中放声朗读,升华学生的情感。

第23课 鸟的天堂

| 原 | 文 | 呈 | 现 |

我们吃过晚饭,热气已经退了。太阳落下了山坡,只留下一段灿烂的红霞在天边。

我们走过一段石子路,很快就到了河边。在河边大树下,我们发现了几只小船。

我们陆续跳上一只船。一个朋友解开了绳,拿起竹竿一拨,船缓缓地动了,向河中心移去。

河面很宽,白茫茫的水上没有一点儿波浪。船平静地在水面移动。三支桨有规律地在水里划,那声音就像一支乐曲。

在一个地方,河面变窄了。一簇簇树叶伸到水面上。树叶真绿得可爱。那是许多株茂盛的榕树,看不出主干在什么地方。

当我说许多株榕树的时候,朋友们马上纠正我的错误。一个朋友说那里只有一株榕树,另一个朋友说是两株。我见过不少榕树,这样大的还是第一次看见。

我们的船渐渐逼近榕树了。我有机会看清它的真面目,真是一株大树，枝干的数目不可计数。枝上又生根，有许多根直垂到地上，伸进泥土里。一部分树枝垂到水面，从远处看，就像一株大树卧在水面上。

榕树正值茂盛的时期，好像在把它的全部生命力展示给我们看。那么多的绿叶，一簇堆在另一簇上面，不留一点儿缝隙。那翠绿的颜色，明亮地照耀着我们的眼睛，似乎每一片绿叶上都有一个新的生命在颤动。这美丽的南国的树！

船在树下泊了片刻。岸上很湿，我们没有上去。朋友说这里是"鸟的天堂"，有许多鸟在这树上做巢，农民不许人去捉它们。我仿佛听见几只鸟扑翅的声音，等我注意去看，却不见一只鸟的影子。只有无数的树根立在地上，像许多根木桩。土地是湿的，大概涨潮的时候河水会冲上岸去。"鸟的天堂"里没有一只鸟，我不禁这样想。于是船开了，一个朋友拨着桨，船缓缓地移向河中心。

第二天，我们划着船到一个朋友的家乡去。那是个有山有塔的地方。从学校出发，我们又经过那"鸟的天堂"。

这一次是在早晨。阳光照耀在水面，在树梢，一切都显得更加光明了。我们又把船在树下泊了片刻。

起初周围是静寂的。后来忽然起了一声鸟叫。我们把手一拍，便看见一只大鸟飞了起来。接着又看见第二只，第三只。我们继续拍掌，树上就变得热闹了，到处都是鸟声，到处都是鸟影。大的，小的，花的，黑的，有的站在树枝上叫，有的飞起来，有的在扑翅膀。

我注意地看着，眼睛应接不暇，看清楚了这只，又错过了那只，看见了那只，另一只又飞起来了。一只画眉飞了出来，被我们的掌声一吓，又飞进了叶丛，站在一根小枝上兴奋地叫着，那歌声真好听。

当小船向着高塔下面的乡村划去的时候，我回头看那被抛在后面的茂盛的榕树。我感到一点儿留恋。昨天是我的眼睛骗了我，那"鸟的天堂"的确是鸟的天堂啊！

文 本 简 析

课文选自现代著名作家巴金的《旅途随笔》，有改动。课文中"鸟的天堂"指的是大榕树。我国南方的大榕树适合于鸟儿生活，是鸟儿的"乐园"。

课文记叙了作者和他的朋友两次经过鸟的天堂时所见到的不同景象，全文以游览"鸟的天堂"的经过为叙述顺序、以记叙"鸟的天堂"的奇妙景象为中心来展开，表现了大榕树的庞大、茂盛，以及被称作"鸟的天堂"的名不虚传，表达了作者对大自然中这种生命现象的热爱和赞美。

课文可分为两大部分。第一部分（第1~9自然段）写傍晚时所见的"鸟的天堂"的静态。第二部分（第10~14自然段）写早晨所见的"鸟的天堂"的动态。课文在表达上有两个主要特点：第一，抓住景物特点进行静态与动态的描写；第二，借景物描写表达感情与直接表达感情相结合。

朗 读 指 导

课文写得非常美，语言也非常美，朗读时总的基调应是质朴自然、恬静舒缓，要读出清新的格调，优美的意境。同时，要注意在舒缓中有热烈，清新中有韵味，读出诗中情、画中意来。

第1至4自然段写人物行踪，虽然写的是动态，但是给人的感觉却是安逸、平和而闲适的。朗读时语速适中，语势平缓，音量要柔和，以免破坏意境。热气消退，红霞灿烂，正是天清气爽的时候；白茫茫的水面，平静移动的小船，有规律地划动着的船桨，营造出一幅诗情画意的背景图，所以这四个自然段奠定了全文的感情基调。

第5至8自然段重点描写了大榕树，写出了它的静态美，从"绿得可爱"的树叶写起，在"我"误以为"许多株榕树"的时候，"朋友们马上纠正我的错误"，靠近之后"我有机会看清它的真面目，真是一株大树"，如此之大、如此富有生命力的大树才能成为"鸟的天堂"，这种静态美既是和后文的对比，也让学生认识到自然环境中动物与植物相互依存的关系。作者善于运用确切的词语，描绘事物的性质、状貌，恰到好处地抒情表意。在表现榕树生命力之美时，这样写道："那翠绿的颜色，明亮地照耀着我们的眼睛，似乎每一片绿叶上都有一个新的生命在颤动。"这里教师可以引导学生讨论并且认识到：如果去掉"似乎"变成写实，就显得不真实了；如果换成"我觉得"就把感觉和景物截然分开，语气平淡，所以"似乎"这个词在朗读的时候应该有所强调，但是又不宜读重以免削弱似真似幻的感觉，可以用提高语调的方式来处理。"颤动"如果变成涌动、跳动、颤抖，就不能把绿叶富有生命力的特有精神状态准确地刻画出来，所以这个"颤动"也应该作为重音处理，不过重音并不是"加重声音"的简称，可以用屏息、略带颤音的方式来处理。"似乎、颤动"传神地把当时作者的感受、联想融入于景，具有"物我两忘"的心态，意境深远，妙不可言。写榕树的叶子亮丽，又反客为主，写成"翠绿的颜色，明亮地照耀着我们的眼睛"。叶子对人的吸引力太大了，让人不得不看，"翠绿"谓色，"明亮"谓光，这两个词都宜重读，以突显榕树的生命力之强。作者在充分描写大榕树之大、之美后，由衷发出了赞叹，此句在朗读时应有所停顿，读成"这／美丽的／南国的／树！"这样既展示了生命的力量，又表达了对生命的讴歌，读出了诗情画意。

第 12 和第 13 自然段主要描写了成群结队的鸟儿在榕树丛间飞舞的场面，表现了一种动态美。此处既有人的动态——拍手、注视，也可以引导学生想象作者一行不时发出赞叹之声的情景；另外还有鸟的动态，"到处都是鸟声，到处都是鸟影"，极言场面之广大。从听觉写"声"，从视觉写"影"，写影比写鸟本身更能体现当时的热闹纷繁，"大的，小的，花的，黑的，有的站在树枝上叫，有的飞起来，有的在扑翅膀"。这里充分写出了鸟的形态的多种多样，生动形象，给人以身临其境之感。"大、小、花、黑"应读得抑扬起伏，如同鸟儿此起彼落一般；而三个"有的"之间的逗号停顿时间应尽量缩短，可以把群鸟又飞又叫的场面更好地借助朗读表现出来。"有的站在树枝上叫，有的飞起来，有的在扑翅膀。"人与鸟，都在动，都在叫，相映成趣，朗读时应充分体现一种喜悦之感。

在描写观赏"鸟的天堂"的场面的句子时，虽然句子中并没有直接的心理描写，但是作者的心似乎随着鸟儿在飞翔在歌唱，朗读时要用轻快而富于高低变化的语调表现鸟儿翔集之时千姿百态、壮观动人的场景，也被作者的心情所感染。

教 学 建 议

这是一篇经典课文，教师应以自己的感情来感染学生，声情并茂地朗读课文，让学生初步感受课文语言美、内容美、情感美；另外，这篇课文很适合学生自己去体会，去朗读。让学生反复地朗读课文，使这种美初步地从文字转化为画面和情感；然后，通过语言具体体会大榕树的美，体会鸟的美，体会环境的美。

在教学时，应紧扣"自主—探究—实践"的线索进行设计，努力使学生在自主学习中有所感悟和思考，在积极探究中获得思想启迪，在实践活动中提高语文素养。建议教师借用多媒体采用"情境教学法"，再现鸟的天堂的真实图景，并且播放百鸟齐鸣的音频。用导语创设情境，用朗读感受情境、渲染情境，让学生进入情境。教学时，建议采取各种形式的朗读，坚持以读为本，以读代讲，读中悟情。教师的泛读，以声音和情感打动学生，创设富有感染力的语感氛围。学生多层次朗读，旨在加深对课文内容的理解，培养感悟语言的能力，陶冶情操。

朗读教学应该有步骤、有目的。初读课文时，要求学生读准字音，读通课文，借助上下文理解词语的意思。还要引导学生思考：作者和他的朋友去了几次"鸟的天堂"？每一次见到了什么景象？为什么两次所见所闻会不一样？在解决这些问题的基础上，理清作者的写作思路和课文的脉络层次，初步体会作者的思想感情。深入阅读时，教师可以引导学生探究以下问题：为什么这里会成为鸟的天堂？小鸟是怎样在这个"天堂"里生活的？让学生带着问题去读书、思考。教师可以引导学生抓住课文中的具体语句，通过朗读原文来交流自己的认识和感受，对有关语句进行点拨，并引导学生通过朗读加深体验。

第26课 忆 读 书

| 原 | 文 | 呈 | 现 |

一谈到读书，我的话就多了！

我会认字后不到几年，就开始读书。倒不是四岁时读母亲教给我的国文教科书，而是七岁时开始自己读"话说天下大势，分久必合，合久必分……"的《三国演义》。

那时，我的舅父杨子敬先生每天晚饭后，必给我们几个表兄妹讲一段《三国演义》，我听得津津有味，什么"宴桃园豪杰三结义，斩黄巾英雄首立功"，真是好听极了。但是他讲了半个钟头，就停下去干他的公事了。我只好带着对故事下文的无限期待，在母亲的催促下含泪上床。

此后，我决定拿起一本《三国演义》，自己一知半解地读了起来，居然越看越明白。虽然字音都读得不对，比如把"凯"念作"岂"，把"诸"念作"者"之类，因为只学过那个字的一半。

我第一次读《三国演义》，读到关羽死了，哭了一场，便把书丢下了。第二次再读时，到诸葛亮死了，又哭了一场，又把书丢下了。后来忘了是什么时候才把全书读到"分久必合"的结局。

因为看《三国演义》引起了我对章回小说的兴趣，对于那部述说"官迫民反"的《水浒传》尤其欣赏。那部书里着力描写的人物，如林冲、武松、鲁智深，都有极其生动的性格，虽然因为作者要凑成三十六天罡七十二地煞，勉勉强强地凑满了一百零八人的数目，但我觉得比没有人物个性的《荡寇志》要强多了。

《红楼梦》是我在十二三岁时看的，起初我对它的兴趣并不大，贾宝玉的女声女气、林黛玉的哭哭啼啼都使我厌烦。还是到了中年以后再拿起这部书看时，才尝到"满纸荒唐言，一把辛酸泪"所包含的一个朝代和家庭兴亡盛衰的滋味。

总而言之，统而言之，我这一辈子读到的中外文艺作品不能算太少。我永远感到读书是我生命中最大的快乐！从读书中我还得到了做人处世要独立思考的大道理,这都是从修身课本中得不到的。

我自1980年到日本访问回来后,即因腿伤闭门不出,"行万里路"做不到了,"读万卷书"便是我唯一的消遣。我每天都会得到许多书刊,知道了许多事情,也认识了许多人物。同时,书看多了,我也会挑选、比较。比如说看了精彩的《西游记》就会丢下烦琐的《封神榜》,看了人物栩栩如生的《水浒传》就不会看索然无味的《荡寇志》。对于现代的文艺作品,那些写得朦朦胧胧的、堆砌了许多华丽词句的、无病而呻的文字,我一看就从脑中抹去。但是那些满带着真情实感、十分质朴浅显的篇章,哪怕只有几百上千字,也往往使我心动神移,不能自已!

书看多了,从中也得到了一个体会,物怕比,人怕比,书也怕比,"不比不知道,一比吓一跳"。

因此,某年的"六一"国际儿童节,有个儿童刊物要我给儿童写几句指导读书的话,我只写了九个字,就是:

读书好,多读书,读好书。

文 本 简 析

课文是冰心的一篇关于如何读书的文章。作者生动地回忆了幼年和少年时代读书的经历及多年读书的经验,告诉青少年"读书好",勉励青少年要"多读书,读好书"。

课文脉络清晰,可以分为四个部分:先总说作者对读书的感受,引出下文;再回忆自己幼时读书的经历,谈读书好,多读书,说明读书的快乐;然后以自己的读书经历谈读书的经验体会;最后概括全文的主旨:建议儿童读书好,多读书,读好书。

作者冰心在文中主要向小读者讲述有关读书的问题。有关读书的重要性，学生从小耳濡目染，听到、看到过无数说教，通常这些观点会以说理的方式出现，如读书会给我们带来的各方面的好处等，小学生因没有切身感受而觉得索然无味，自然也就无法激发学生对读书的兴趣。而冰心却另辟蹊径，以平易的语调开篇，娓娓道来。首先开篇一句"一谈到读书，我的话就多了"让人听来很亲切，好像一位慈祥的奶奶在与自己谈话，一下子抓住了学生的心，让学生想知道她要说什么。在整篇课文中，完全是对她亲身经历的讲述，说到读书的种种妙趣，说到读书选书的方法，让学生在读的过程中跟随冰心奶奶成长，直到课文结尾得出结论："读书好，多读书，读好书。"经过前文的铺垫，让读者心悦诚服，也渴望深入书籍的海洋之中。

| 朗 | 读 | 指 | 导 |

课文比较长，首先要感知文本。课文文字虽然明了晓畅，其中提到的几部名著也家喻户晓，学生大多有所耳闻或曾初读，但是其具体内容还是让学生感觉生疏遥远，所以在初读之后教师要通过课堂交流或者讲授，帮助学生对其中的名著有一定了解。课文中涉及的名著较多，如《三国演义》《水浒传》《西游记》《红楼梦》《荡寇志》等，可适当地做一些介绍，但不必过于烦琐，避免陷入这些作品的故事情节之中。主要目的在于引起学生阅读的兴趣，让他们在课下主动去读这些书。

第一部分即第 1 自然段，"一谈到读书，我的话就多了！"只有短短一句话，却可以让学生讨论，这一句应该读得舒缓悠长还是热烈急切？阅读是学生的个性化行为，应该鼓励他们说出并且读出他们的感受。如果学生认识到这是冰心在晚年的述说,有一种回忆感,自然可以读得舒缓;但是如果认为冰心充满对阅读的喜悦感并且乐于与别人分享,这一句读得热烈也不无道理。

第二部分回忆自己幼时读书的经历,所以朗读时不妨充分体现童趣。

虽然是从七岁时读《三国演义》说起,但是前面提到四岁时所读的国文教科书这一句也不能忽略,毕竟识字是读书的基础。"倒不是四岁时读母亲教给我的国文教科书",这个句子稍长,学生读起来恐有困难,教师应指导学生在正确理解的基础上准确断句,读成"倒不是四岁时/读/母亲教给我的/国文教科书",从而体会教科书对作者后来读书的重要。

《三国演义》是作者独立阅读的第一本书,所以她印象深刻,文中也多有提及她的喜爱之情。每每舅舅讲到其中的故事,"我听得津津有味,什么'宴桃园豪杰三结义,斩黄巾英雄首立功',真是好听极了。"这句话在朗读的时候,语调应该包含喜悦之感,"津津有味"要作为重音,体现作者在文学作品之中的沉醉之感。"宴桃园豪杰三结义,斩黄巾英雄首立功"这句,教师可以提高音调,模仿评书表演者的语气腔调,通过朗读营造气氛,让学生和作者一起进入文学作品的意境之中。

《红楼梦》是古典文学中成就最高的一部作品,但是作者如实写出"起初我对它的兴趣并不大",作为一个十二三岁的小孩子因为不理解其中博大精深的内容而不喜欢读,这完全是真实感受的传达,学生们与作者此时的年龄相仿,可能也会产生一种共鸣,所以读这一句时完全可以发于自然。"还是到了中年以后再拿起这部书看时,才尝到'满纸荒唐言，一把辛酸泪'所包含的一个朝代和家庭兴亡盛衰的滋味。"这句话学生在朗读时还是难以体会其中的情感，所以教师用低沉、缓慢的语气示范读出"满纸荒唐言，一把辛酸泪"，才能给学生以一定的感染，并且加深他们的理解和记忆。

第三部分写自己读书的感受，从而让学生认识到读书的重要意义。"我永远感到读书是我生命中最大的快乐！从读书中我还得到了做人处世要独立思考的大道理"，朗读的时候，前一句应该用情绪感染的方式，后一句应该用说理启示的方式，所以前一句要读得情绪饱满高昂，"永远""读书""最大""快乐"都应该读重音；后一句应读得冷静沉稳，"大道理"平稳收束，让听者认识到读书既有快乐又有学习做人的更大价值。

第四部分写作者对儿童读书的指导建议："读书好，多读书，读好书。""读书好"的重音放在最后一个字"好"上，强调读书的意义在于带给人快乐和人生启示；"多读书"的重音放在第一个字"多"上，强调博览群书的重要性，也呼应前文"书看多了，我也会挑选、比较"；"读好书"的重音放在中间的"好"上，好书的标准应该就是前文所提的"真情实感、质朴浅显"的文章，也暗示读书人读好书时要肯下功夫。

教 学 建 议

在统编教材四年级下册，学生已经学习了冰心诗集《繁星》中的三首，对于冰心的创作成就有了一定的认识，所以在学习这篇课文时，教师可以引导学生回忆背诵曾经学习过的冰心的诗，从而对将要学习的内容产生一种亲切感，并且带着对冰心的敬意进入本文的学习。

课文以"忆"为行文线索，记叙了自己快乐的读书生活，读书的感受和认识。课文看起来形很散，但有线索贯穿。教师引导学生理出"忆"这条线索，并抓住它研读课文。这样就能够体会到作者热爱读书，以读书为快乐的情感，认识到"读书好，多读书，读好书"的重要。所以教学时不必刻意划分课文段落，也不必逐段逐句进行讲解，关键是要引导学生抓住课文思想内容的要点，从作者回忆的读书经历中感受到读书的妙趣。

另外，还要联系学生平时读书的实际，指导学生回顾自己的读书情况，组织学生开展读书心得交流会。可以按照课文的内容，让学生从"读书给自己带来的快乐""读书给自己带来的启示"等方面具体来说。学生在交流过程中，既展示了自己的阅读成果，增加了获得感，也通过听取别人的介绍激发了阅读兴趣。再联系课文的观点，自然会产生更多的认同感。

第1课 草　　原

|原|文|呈|现|

　　这次，我看到了草原。那里的天比别处的更可爱，空气是那么清鲜，天空是那么明朗，使我总想高歌一曲，表示我满心的愉快。在天底下，一碧千里，而并不茫茫。四面都有小丘，平地是绿的，小丘也是绿的。羊群一会儿上了小丘，一会儿又下来，走在哪里都像给无边的绿毯绣上了白色的大花。那些小丘的线条是那么柔美，就像只用绿色渲染，不用墨线勾勒的中国画那样，到处翠色欲流，轻轻流入云际。这种境界，既使人惊叹，又叫人舒服，既愿久立四望，又想坐下低吟一首奇丽的小诗。在这境界里，连骏马和大牛都有时候静立不动，好像回味着草原的无限乐趣。

　　我们访问的是陈巴尔虎旗。汽车走了一百五十里，才到达目的地。一百五十里全是草原。再走一百五十里，也还是草原。草原上行车十分洒脱，只要方向不错，怎么走都可以。初入草原，听不见一点儿声音，也看不见什么东西，除了一些忽飞忽落的小鸟。走了许久，远远地望见了一条迂回的明如玻璃的带子——河！牛羊多起来，也看到了马群，隐隐有鞭子的轻响。快了，快到了。忽然，像被一阵风吹来似的，远处的小丘上出现了一群马，马上的男女老少穿着各色的衣裳，群马疾驰，襟飘带舞，像一条彩虹向我们飞过来。这是主人来到几十里外欢迎远客。见到我们，主人们立刻拨转马头，欢呼着，飞驰着，在汽车左右与前面引路。静寂的草原热闹起来：欢呼声，车声，马蹄声，响成一片。车跟着马飞过小丘，看见了几座蒙古包。

蒙古包外，许多匹马，许多辆车。人很多，都是从几十里外乘马或坐车来看我们的。主人们下了马，我们下了车。也不知道是谁的手，总是热乎乎地握着，握住不放。大家的语言不同，心可是一样。你说你的，我说我的，总的意思是民族团结互助。

也不知怎的，就进了蒙古包。奶茶倒上了，奶豆腐摆上了，主客都盘腿坐下，谁都有礼貌，谁都又那么亲热，一点儿不拘束。不大一会儿，好客的主人端进来大盘的手抓羊肉。干部向我们敬酒，七十岁的老翁向我们敬酒。我们回敬，主人再举杯，我们再回敬。这时候，鄂温克族姑娘们戴着尖尖的帽子，既大方，又稍有点儿羞涩，来给客人们唱民歌。我们同行的歌手也赶紧唱起来，歌声似乎比什么语言都更响亮，都更感人，不管唱的是什么，听者总会露出会心的微笑。

饭后，小伙子们表演套马、摔跤，姑娘们表演了民族舞蹈。客人们也舞的舞，唱的唱，还要骑一骑蒙古马。太阳已经偏西，谁也不肯走。是啊！蒙汉情深何忍别，天涯碧草话斜阳！

| 文 | 本 | 简 | 析 |

　　课文是一篇散文，选自老舍的《内蒙风光》。朗读散文，就要对散文的特点有所了解。它文字清丽，语句凝练，意境深远，修辞整齐，富有韵律美，给人以美的享受，令人回味；它取材宽广，铺陈自如，联想丰富，不拘泥于行文的格式，或抒情，或议论，感情抒发通畅，

具有强烈的感染力。它脉络分明，语势顺畅，读来使之成为一个整体。朗读散文，特别要领会它"形散神聚"的特点。要读好一篇散文，必须深刻理解作者心中的着眼点，不论画面有多跌宕，选材有多广泛，都一定要找到那根起着统摄作用的主线。这就要求朗读者对作品有一定的理解深度。

1961年夏天，由文化部、民族事务委员会和中国文联组织的作家、画家、音乐家、舞蹈家、歌唱家等二十余人慰问团，到内蒙古参观访问，历时八个星期。慰问团所到之处，受到了各族人民的热烈欢迎和盛情接待。课文呈现的就是老舍先生在牧区的所见所闻所感。文中字里行间浸润着浓郁的草原风情：那一碧千里的草原风光，那马上迎客、把酒联欢、依依话别的动人情景，那纯朴、热情好客的蒙古族同胞，都令人难以忘怀。课文通过这些见闻感受，赞美了草原的美丽风光和民族之间的团结友好。

课文的特点：①层次井然，移步换景，由景及人。作者按照事情发展的顺序来叙述，先描写草原秀美的景色；再描写草原迎客场面和草原联欢的情形；最后，以简明有力、含义丰富的诗句结束，衔接紧密，推进自然。②语言优美，善于运用比喻和拟人的修辞手法，生动贴切，纯朴简练，生动感人。③情景交融，无论是描写自然风光还是主客相见、联欢、惜别，处处流露出作者的赞美之情。

朗 | 读 | 指 | 导

全文共有五个自然段，可以分为两个部分。第一部分主要写大草原景色的优美；第二部分主要写远道迎客、蒙古包外、蒙古包内以及联欢话别几个场景。

第一部分（第1自然段）写景，朗读的基调应优美舒缓。前两句的语气应该带有欢快之感，"这次，我看到了草原。那里的天比别处的更可爱，空气是那么清鲜，天空是那么明朗，使我总想高歌一曲，表示我满心的愉快。"其中"更""清鲜""明朗""高歌""满心"都应该作为重音来读，以体现作者发自内心的对草原的赞美、欢悦之情。"在天底下，一碧千里，而并不茫茫。四面都有小丘，平地是绿的，小丘也是绿的。羊群一会儿上了小丘，一会儿又下来，走在哪里都像给无边的绿毯绣上了白色的大花。那些小丘的线条是那么柔美，就像只用绿色渲染，不用墨线勾勒的中国画那样，到处翠色欲流，轻轻流入云际。"静止的画面中增加了动感的描写，两个"一会儿"要作为重音，并且要读得紧凑，体现羊群灵动的感觉。"到处翠色欲流，轻轻流入云际。"语速要放缓慢，语调轻柔。"这种境界，既使人惊叹，又叫人舒服，既愿久立四望，又想坐下低吟一首奇丽的小诗。在这境界里，连骏马和大牛都有时候静立不动，好像回味着草原的无限乐趣。"两个"既""又"要重读，体现大草原带给人心灵的无限丰富的遐想。最后一句中的"静立不动"每个字音都要重读，但不是重锤音而是舒缓送出。这段结尾的停顿应稍长，大草原的美带给所有的生灵以美的震撼，通过这样静止、回味的状态体现出来。

第二部分（第2~5自然段）叙事，写得欢快、流畅，如行云流水一般，所以朗读时段与段之间既要注意间隔，也应略为紧凑，不要拖沓，以免影响到文章的流畅感。

第2自然段写了草原上的牧民来到几十里外迎接远客。前半部分写进入草原，语速较为舒缓；后半部分写身着盛装的牧民飞奔而来，要读得欢快、轻盈，语速要加快，语势要上扬，表现主人的热情好客。

第 3 自然段写主客在蒙古包外相逢。主客之间握手再握手，笑了再笑，这种民族团结互助之情要通过饱满的气息、上扬的语调加以体现。

第 4 自然段写牧民在蒙古包内的热情招待。奶茶、奶豆腐、手抓羊肉和酒都富有浓郁的蒙古特色，干部和老翁敬酒，鄂温克姑娘献歌，更体现了牧民的豪情，朗读这一部分仍然要用热情洋溢的语气。"奶茶倒上了，奶豆腐摆上了，主客都盘腿坐下，谁都有礼貌，谁都又那么亲热，一点儿不拘束"。这六个短句在朗读上应该疏密有致，起伏鲜明，不能读成规整的速度和音调。"奶茶倒上了，奶豆腐摆上了"之间连接要很紧密，后一句的调式要比前一句略高，以此体现草原物产的丰富和牧民招待客人的热情；"主客都盘腿坐下，谁都有礼貌，谁都又那么亲热，一点儿不拘束"。语势也是从低到高再回落，速度从匀速到略紧密再缓速，体现主客之间的彬彬有礼又亲密无间。

第 5 自然段写主客之间的联欢，太阳偏西仍不肯分别。"蒙汉情深何忍别，天涯碧草话斜阳！"结尾的诗句表达了蒙汉两族人民之间的深厚情谊和依依惜别的感情。所以要读得舒缓悠长，虽然是惜别但并不伤感，而是余音袅袅，语势还是爽朗明快的，这里的"话斜阳"应读出乐观豪放的色彩，字与字之间停顿稍长，但气息不要断，表现出依依惜别、盼望再聚首的深情。

教 学 建 议

课前可要求学生查阅有关书籍或上网查找资料：①在中国版图上找到内蒙古的位置、范围，并初步了解有关草原的自然风光和民族风情，如服饰特点、生活特点等。②收集古今文人描写大草原的诗词、文章。③通过展示图片并请去过草原的同学作介绍,加深对草原的感性认识。

教学中首先要带领学生理清作者的写作顺序,从整体上把握课文。课文按事情发展的顺序,描绘了草原风光图、喜迎远客图、主客联欢图。通过这些画面,表现了草原的风光美、人情美和民俗美,最后以凝练的诗句总结全文。要引导学生体会这种结构安排上自然流畅、脉络清晰的特点。

课文语言优美,富有形象感和画面感,因此要加强有感情朗读的指导。可引导学生结合生活体验,边读边想象画面:草原一碧千里而又不失秀美的风光;马疾驰,车相随,襟飘带舞,欢声笑语迎远客的场景;敬酒联欢的热闹场面。要让学生通过朗读将这些画面展现出来。

品读优美语句,体会表达方法,是本课教学的重点和难点。要引导学生品味课文精美的语言,通过品读、吟诵、想象画面、课件演示、角色扮演、抄写等方法来体会美的意境、美的情感、美的语言。

第5课 七律·长征

| 原 | 文 | 呈 | 现 |

红军不怕远征难,
万水千山只等闲。
五岭①逶迤腾细浪,
乌蒙②磅礴走泥丸。

金沙③水拍云崖④暖，

大渡⑤桥横铁索寒。

更喜岷山⑥千里雪，

三军⑦过后尽开颜。

注释

① 〔五岭〕越城岭、都庞岭、萌渚岭、骑田岭、大庾岭的总称。位于湖南、江西、广东、广西四省区交界处。

② 〔乌蒙〕即乌蒙山，位于贵州、云南两省交界处。

③ 〔金沙〕即金沙江，指长江上游从青海玉树到四川宜宾这一段。

④ 〔云崖〕高耸入云的山崖。

⑤ 〔大渡〕即大渡河，位于四川中西部。

⑥ 〔岷山〕位于四川、甘肃两省交界处。

⑦ 〔三军〕这里指红军队伍。

文本简析

课文是一篇光照千秋的诗词作品，是毛泽东同志在1935年10月率领中央红军越过岷山后，长征即将结束时，回顾长征一年来红军所战胜的无数艰难险阻，满怀喜悦的战斗豪情，以极其轻松的笔调写下的气壮山河的诗篇，是对红军长征精神最好的概括。

红军不怕万里长征路上的一切艰难困苦，把千山万水都看得极为平常。绵延不断的五岭，在红军看来只不过是跳跃的微波细浪；而气势雄伟的乌蒙山，在红军眼里也不过是滚动的小小泥丸。金沙江浊浪滔天，拍击着高耸入云的峭壁悬崖，雾气蒸腾，但战士可以巧夺；大渡河险桥横架,晃动着凌空高悬的根根铁索,寒意阵阵,勇士可以强渡。更加令人喜悦的是踏上千里积雪的岷山,红军翻越过去之后个个笑逐颜开,尽享胜利的喜悦。

虽然这首诗里只写了"五岭""乌蒙""金沙江""大渡河""岷山"五幅画面,但我们不能单独地看这五幅画面,应该把它们连起来看,它们是由几幅画面构成的包容天地、气象万千的历史画卷,包含了红军长征途中所有的艰难困苦,诗中只选其中几个典型的画面进行了艺术概括。

朗 读 指 导

首联:"红军不怕远征难,万水千山只等闲。"开宗明义,既是提出诗歌的主旨,又给整首诗歌定了磅礴的基调,展现了诗歌非凡的气势。"红军"因为在背景里有介绍,朗读时处理成平实音即可;"不怕"则表达了红军北上抗日、救民于水火、不畏艰难的豪迈,应处理为强调语意的感情重音;"远征"指两万五千里长征,平实音即可;"万水千山"中的"万"和"千"都不是实数,在课文里是指无数的山、无数的水;在这里突出长征之"难",用"万水千山"照应首句尾字"难","万水千山"宜稍稍放慢语速,采用拖腔,以突出其"难";"难"相比"不怕"在音量上要稍轻一些,为次重音;"只等闲"中的"等闲"是平平常常的意思,其中"闲"字意为"一般,随意,平常";"只等闲"表现了红军战士不怕艰难险阻、一往无前的精神和对敌人、对困难的蔑视之情。所以,"只等闲"要运用表情配合,体现出蔑视的语气。教师指导朗读时,要指导学生根据情感,准确断句、确定重音、把握好感情基调:"红军/不怕/远征难,万-水-千-山/只等闲。"

颔联:"五岭逶迤腾细浪,乌蒙磅礴走泥丸。""五岭""乌蒙"指红军长征途中的高山峻岭与上文"万水千山"中的"千山"相呼应。这里的"五岭"指红军长征道路上翻越的五座山峰,绵延在湖南、江西、广东、广西四省区交界处,长达数千里。但我们在此也不妨把"五"看成一个泛指的虚词,因为红军长征道路上又何止这五座高峰啊!"五岭"朗读时应把字咬实,气息饱满,以突出其实指又含泛指之意。"逶迤"则应该解释为长而弯曲的样子,宜以重音突出其连绵不断的特点。"腾细浪"意为跳跃的微波细浪,很明显这句运用了比喻和夸张的修辞手法,应该解释为那些高耸的山峰连绵弯曲伸向远方,在红军战士的面前则不过像跳动的微波细浪而已,体现的是红军战士在大自然的考验面前豪迈的气概,所以朗读时,在"腾"后略拖长一些,再把"细浪"用轻声推出。"乌蒙磅礴走泥丸"中的"乌蒙"所指的是长征途中的另一座高山——乌蒙山,朗读宜用平实语气;"磅礴"的意思是广大无边的样子,读时用重音处理会更好;"走泥丸"运用了比喻和夸张的修辞手法,意思是广大无边的乌蒙山在红军战士面前也不过像滚动的泥丸子,因而朗读时,在"走"后略拖长一些,再轻推出"泥丸",更能表现红军战士蔑视一切困难的英雄气概。本联通过对长征途中高山的描绘,运用传神的比喻和夸张,从一个侧面把红军战士坚强、坚毅的品质表现得很充分。教师进行朗读指导时可做如下处理:"五岭／逶迤／腾－细浪,乌蒙／磅礴／走－泥丸。"

颈联:"金沙水拍云崖暖,大渡桥横铁索寒。"这是诗中最为精彩的一联。"金沙"指金沙江,由于水流湍急而成为长征途中的一道天堑。"大渡"指的是大渡河,河上有一座铁索桥,名为泸定桥,该桥共有13根铁索连接大渡河两岸,国民党部队为了阻碍红军跨过大渡河,把横卧在13根铁索上的木板烧毁，桥上只有光滑、冰冷的铁索，桥头还有把守的敌兵，桥下是湍急的流水，这是摆在红军将士面前的又一道天险。但是无论什么困难，都不能阻挡红军前进的步伐。这里的"暖"和"寒"其实是作者心境的一种体现，也是作者感受的准确表达。据史料记载，1935年5月上旬的一天傍晚，红军到达金沙江畔。乌黑的大山耸立在金沙江两岸，江水飞溅，拍打着两岸的悬崖；敌人封锁了各个河口，抢去了所有渡船。红军战士按照灵活机动的战术，采用声东击西的办法，俘获了敌人两条侦查用的船只，巧妙夺取了金沙江渡口，很快大队人马全部渡过金沙江，跳出了几十万敌人的包围圈。这种巧渡的成功，自然让人心里"暖"。而强渡大渡河是在1935年5月下旬，由17名勇士组成渡河突击队，他们手攀铁索，冒着对岸敌人密集的枪林弹雨前进。当时，桥上是冰冷的铁索，桥下是湍急的流水，桥头是把守的敌兵，红军战士只能强渡，那场面真是叫人胆战心惊。终于夺下了泸定桥，为部队打开了渡过天险的通道，红军部队成功地强渡大渡河。回想那场景，自然会使人感觉惊心动魄、好不艰难，"寒"意犹在啊！所以，"暖"写出了巧渡成功的喜悦，"寒"突出了强渡时的艰难。朗读指导时，"暖""寒"要处理为重音，而在语气上，上联应较轻快，下联应加重语气。如"金沙水拍／云崖暖（稍显轻快），大渡桥横／铁索寒（语气稍重）。"

尾联："更喜岷山千里雪，三军过后尽开颜。""岷山"是红军向西北挺进北上抗日途中最后一道比较大的天险，跨过岷山就意味着红军长征取得了基本的胜利。"三军"在这里指的是红军全军，当时越过大雪山的只有红军第一方面军，毛泽东为什么却说"三军过后"呢？在写这首诗时，虽然红军二、四方面军正在行军途中，还未越过岷山，但毛泽东希望并相信他们定能战胜天险，冲破敌人的围追堵截，与红一方面军胜利会师。所以，"三军"一词，充分表达了毛泽东对红军二、四方面军广大指战员的殷切希望和信任。在朗读时，要充满必胜的自信和喜悦，表达出最终取得胜利的欣喜豪迈。所以，"千里雪""尽开颜"可用饱满的气息，以重音的方式呈现，处理如下："*更喜／岷山／千里雪，三军／过后／尽开颜。*"

教 学 建 议

教师可在课前布置作业，让学生广泛搜集有关长征的资料；准备有关红军长征爬雪山、过草地、巧渡金沙江、飞夺泸定桥的录像和长征路线图；准备"长征组歌"中的歌曲《七律·长征》；为指导学生感知文本内容奠定基础。

在教学过程中，教师要用大量时间引领学生在感知内容的基础上，通过反复诵读，去想象诗中所描绘的五幅画面，去体会诗中所传达出的豪迈情感，从而受到革命英雄主义教育。例如通过讲解、点拨，抓重点词"逶迤""磅礴"，让学生体会翻"五岭"，越"乌蒙"之难，再把重点词放在全句中加以理解，从而使学生对颔联的感受就更加形象、鲜明，内心视象就会被激活，不用老师强调朗读技巧，学生早已自己省悟，自然会把诗句中两个关键词处理为重音。又比如，可以通过播放《飞夺泸定桥》的电影片段，让作品中的人、事、景、物在学生脑子里成为活生生的东西，然后再借助想象形成内心视象，让文字所省略的内容在学生的大脑中呈现出来，最后调动情感，学生自然就会把"金沙水拍云崖暖"读得轻快，"大渡桥横铁索寒"读得沉重，完成有声语言的艺术再创造。

第7课 开国大典

|原|文|呈|现|

1949年10月1日,中华人民共和国中央人民政府成立,在首都北京举行典礼。参加开国大典的,有中华人民共和国中央人民政府主席、副主席、各位委员,有中国人民政治协商会议全体代表,有工人、农民、学校师生、机关工作人员、城防部队,总数达三十万人。观礼台上还有外宾。

会场在天安门广场。广场呈丁字形。丁字形一横的北面是一道河,河上并排架着五座白石桥;再北面是城墙,城墙中央高高耸起天安门的城楼。丁字形的一竖向南直伸到中华门。在一横一竖的交点的南面,场中挺立着一根电动旗杆。

主席台设在天安门城楼上。城楼檐下,八盏大红宫灯分挂两边。靠着城楼左右两边的石栏,八面红旗迎风招展。

丁字形的广场汇集了从四面八方来的群众队伍。早上六点钟起,就有群众的队伍入场了。人们有的擎着红旗,有的提着红灯。进入会场后,按照预定的地点排列。工人队伍中,有从老远的长辛店、丰台、通县来的铁路工人,他们清早到了北京车站,一下火车就直奔会场。郊区的农民是五更天摸着黑起床,步行四五十里路赶来的。到了正午,天安门广场已经成了人的海洋,红旗翻动,像海上的波浪。

下午三点整,会场上爆发出一阵排山倒海的掌声,中华人民共和国中央人民政府主席毛泽东出现在主席台上,跟群众见面了。三十万人的目光一齐投向主席台。

中央人民政府秘书长林伯渠宣布典礼开始。中央人民政府主席、副主席、各位委员就位。接着，毛泽东主席宣布："中华人民共和国中央人民政府今天成立了！"

这庄严的宣告，这雄伟的声音，使全场三十万人一齐欢呼起来。这庄严的宣告，这雄伟的声音，经过无线电广播，传到长城内外，传到大江南北，使全中国人民的心一齐欢跃起来。

接着，升国旗。毛主席亲自按动连通电动旗杆的电钮，新中国的国旗——五星红旗在雄壮的《义勇军进行曲》中徐徐上升。三十万人一齐脱帽肃立，一齐抬起头，瞻仰这鲜红的国旗。五星红旗升起来了，表明中国人民从此站起来了。

升旗的时候，礼炮响起来。每一响都是五十四门大炮齐发，一共二十八响。起初是全场肃静，只听见炮声和乐曲声，只听见国旗和其他许多旗帜飘拂的声音，到后来，每一声炮响后，全场就响起一阵雷鸣般的掌声。

接着，毛主席在群众一阵又一阵的掌声中宣读中央人民政府的公告。他用强有力的语调向全世界发出新中国的声音。他读到"选举了毛泽东为中央人民政府主席"这一句的时候，广场上的人们热爱领袖的心情融成一阵热烈的欢呼。观礼台上同时响起一阵掌声。

毛主席宣读公告完毕，阅兵式开始。中国人民解放军朱德总司令任检阅司令员，聂荣臻将军任阅兵总指挥。朱总司令和聂将军同乘汽车，先检阅部队，然后朱总司令回到主席台，宣读中国人民解放军总部的命令。受检阅的部队就由聂将军率领，在《中国人民解放军进行曲》的乐曲声中，由东往西，缓缓进场。

开头是海军两个排，雪白的帽子，跟海洋一个颜色的蓝制服。接着是步兵一个师，以连为单位，列成方阵，齐步行进。接着是炮兵一个师，野炮、榴弹炮等各式各样的炮，都排成一字形的横列前进。接着是一个战车师，各种装甲车和坦克车两辆或三辆一排，整整齐齐地前进；战士们挺着胸膛站在战车上，像钢铁巨人一样。接着是一个骑兵师，"红马连"一色红马，"白马连"一色白马，六马并行，马腿的动作完全一致。以上这些部队，全都以相等的距离和相同的速度经过主席台前。当战车部队经过的时候，人民空军的飞机也一队队排成人字形，飞过天空。毛主席首先向空中招手。群众看见了，都把头上的帽子、手里的报纸和别的东西抛上天去，欢呼声盖过了飞机的隆隆声。

两个半钟头的检阅，广场上不断地欢呼，不断地鼓掌，一个高潮接着一个高潮。群众差不多把嗓子都喊哑了，把手掌都拍麻了，还觉得不能够表达自己心里的欢喜和激动。

阅兵式完毕，已经是傍晚的时候。天安门广场上的灯笼火把全都点起来，一万支礼花陆续射入天空。天上五颜六色的火花结成彩，地上千千万万的灯火一片红。群众游行就在这时候开始。游行队伍分东西两个方向出发，他们擎着灯，舞着火把，高呼"中国共产党万岁！""中华人民共和国万岁！""中央人民政府万岁！"他们一队一队按照次序走，走到正对天安门的白石桥前，就举起灯笼火把，高声欢呼"毛主席万岁！""毛主席万岁！"毛主席在城楼上主席台前边，向前探着身子，不断地向群众挥手，不断地高呼"人民万岁！""同志们万岁！"

晚上九点半，游行队伍才完全走出会场。两股"红流"分头向东城、西城的街道流去，光明充满了整个北京城。

| 文 | 本 | 简 | 析 |

1949年10月1日，中国人民将永远铭记这一天，中华人民共和国在世界的东方诞生了！她的建立，开创了中国历史的新纪元，中国社会从此进入一个新时代。课文记叙了1949年10月1日在首都北京举行开国大典的盛况，揭示了中华人民共和国成立的伟大历史意义，是对学生进行爱国主义教育的好文章。

全文共有十五个自然段，按照开国大典进行的顺序可分为五个部分：第一部分（第1~4自然段）写大典开始前会场上的情况。先概括交代举行开国大典的时间、地点和参加典礼的成员及人数，然后分别描述会场的布置和群众队伍的场面。第二部分（第5~10自然段）是开国大典的重要部分，主要写三件事：①毛泽东主席宣布：中华人民共和国中央人民政府在今天成立了！②庄严的五星红旗升起来了。③宣读中央人民政府公告，宣布毛泽东当选为中央人民政府主席。第三部分（第11~13自然段）写阅兵式的盛况。写了三层意思：①阅兵式开始的情况。②各兵种通过天安门受检阅。③群众看到检阅部队后的激动情景。第四部分（第14自然段）写天安门广场灯火辉煌的景象和群众队伍游行的情况。第五部分（第15自然段）写散会的情况。

课文突出了场面描写：会场的布置、庞大的群众队伍、典礼开始、毛泽东主席宣布中华人民共和国成立、五星红旗升起、宣读中央人民政府公告和宣布毛泽东当选中央人民政府主席、盛大的阅兵式、燃放礼花、群众队伍游行等众多场面都描绘得有声有色，令人激动万分，突出了开国大典的喜庆、庄严、隆重、热烈的气氛。

| 朗 | 读 | 指 | 导 |

　　课文所描述的场景距离现在的确有了时间的跨度，所以，要努力让学生了解中国革命的历史，拉近与文本的距离，这样才能让学生深入文本，通过朗读体会到文本字里行间所蕴藏的情感。指导学生朗读本课，要注意以下几点。

　　一是既要把握全文的基调，又要注意各个部分语调的变化。从全文来看，感情的基调是兴奋、激动、自豪的，但各个部分的侧重点不同，语调也略有变化，如第一部分，第1自然段适宜用庄重而平直的语调，把举行开国大典的时间、地点和参加典礼的成员及人数叙述清楚；第4自然段则要用热烈激动的语调，把等待开国大典的群众渴望、急切的心理表达出来。"到了正午，天安门广场已经成了人的海洋，红旗翻动，像海上的波浪。"这一句是这一部分的收束，也酝酿着下一部分的高潮，一定要读出欢快、热烈的语气。"像海上的波浪"，比喻句中的喻体"波浪"通常都要作为重音处理，这里更应该用上扬的语势，体现人潮如欢乐的海洋。第二、三、四部分，高潮迭起，热烈的气氛一浪高过一浪，朗读时要保持高昂的情绪。

　　二是要抓住重点词语，特别是那些感情强烈的词语，要把这些词语饱含的感情用恰当的语气语调读出来。课文中的准确用词在表达思想感情方面起了重要作用。如"直奔"会场比"走向"会场更能反映人们参加开国大典的急迫、兴奋心情；目光一齐"投向"主席台比"朝着""看着"主席台更能反映人们热切盼望见到毛主席的心情。再如，"场中挺立着一根电动旗杆"中的"挺立"如果换成"立着"，就难以表达出中国人民站起来了的自豪感情；"两股'红流'分头向东城、西城的街道流去"，如果把"流去"换成"走去"就表现不出游行队伍声势之大，场面之壮观。类似的词句还有不少，可放手让学生找出来展开讨论并交流。在朗读时，可以通过轻重音、停顿与连接以及语调的高低强弱的变化加以体现。

三是要引导学生充分挖掘内心视象。抓住课文中集中表达人物情感的重点句子，借助想象，显化形象，物化情感，从而使学生借助形象的画面，深刻地感受蕴含在语言文字中的丰富情感，并在朗读中体现出来。语言描述的形象本身没有直接可感性，必须借助想象和联想来实现，因此从这一意义上来说，没有想象与联想也就没有语言的感悟。在阅读教学中，可引导凭借联想，借助想象还原语言描述的形象，补充语言潜在的形象，延伸语言相关的形象，使学生产生丰富而真切的内心视象，以促进学生对课文内容的直观感知。朗读时教师可以指导学生发挥记忆联想和再造想象的能力，如引导学生回忆自己参加过某些庆典活动的盛大场面或者联想影视作品中的相关画面，使作品中的情景在学生内心里"活"起来，在朗读时增强有声语言表达的强烈感染力。如："这庄严的宣告，这雄伟的声音，经过无线电广播，传到长城内外，传到大江南北，使全中国人民的心一齐欢跃起来。"它集中表现了获得新生的中国人民无比激动、无比欢乐的思想感情。这句话蕴含着极其丰富的形象，但其形象是隐含的、潜藏的，如果不引导透过语言文字去展开想象，那蕴含于其中的思想感情学生就难以得到具体的感知和深切的感受。

正因为如此，教师要引导学生一边朗读，一边想象。这样，在学生眼前，语言文字就不是简单的语言符号，而是丰富的语言形象。城市里，大街小巷彩旗飞扬，男女老少欢天喜地；农村中，田间地头，村前村后，到处锣鼓喧天，个个激动万分；学校里，人们挥着彩带，放着鞭炮；经历过苦难的人们泪流满面，激动万分……这样引导，能充分调动学生知识和形象的原始积累，从而使句子的内涵变成具体的形象在眼前呈现，化作了真切的情感在心中涌动，并且通过有声语言表达出来。这样，当学生凭着作品语言和画面，跨越广袤空间去神游时，作品就成了学生心中美丽的画卷。学生的朗读愿望加强了，朗读的效果也会提高。

教 | 学 | 建 | 议

透过一个个场面，体会人民群众激动、自豪的思想感情，是本课教学的重点和难点。怎样帮助学生去体会这种思想感情呢？一是要利用好与课文相关的材料，如上文提到的中国人民遭受帝国主义侵略、奴役的事例，让学生对新中国成立的意义有所感受。二是要尽力引导学生去想象场面情景，把心放到课文中去，设身处地地去读、去想。引导学生想象时，要注意抓住一些关键词、句，通过对这些关键词、句的揣摩来感悟人们的思想感情。指导学生有感情地朗读课文时，要和想象中的场面情景有机结合，读读、想想、读读，在读好一些感情色彩强烈的句子的基础上，进而朗读全段、全篇，还要注意把握好感情基调。

感受毛泽东伟人的风采，是本课教学的重点目标。教学时，主要从两个方面来引导学生感受。一是从人民群众的表现中来感受。可以在体会人民群众激动、自豪感情的基础上，组织学生讨论"从中还可以感受到什么"。如"三十万人的目光一齐投向主席台"，"广场上的人们热爱领袖的心情融成一阵热烈的欢呼"。这些句子反映了人民群众对领袖毛泽东的拥戴，同时也衬托出了人民领袖的高大形象。二是抓住课文中那些直接描写毛泽东言行的句子引导学生感受。可以引导学生联系在电视（影）、图书中看到的毛泽东的形象，边读文中的句子边想象，读、想后讨论：仿佛看到了什么、感受到了什么。

本课可采用"初读课文，了解内容；想象场景，体会感情；感情朗读，积累拓展"的基本环节组织教学。课前应尽可能收集与开国大典有关的材料，如《开国大典》等电影，中国人民遭受帝国主义侵略、奴役的事例，供学生阅读或观看，以帮助学生理解课文。

建议在指导朗读时作如下安排：第一阶段安排快读训练（全文或自然段），感知全文，让学生质疑问难；第二阶段安排细读精读，师生共同解疑释难（如"54门"表示参加中国人民政治协商会议第一届全体会议的有54个单位，"28响"表示中国共产党1921年成立，走过28年的光辉历程，领导中国人民建立了新中国）；第三阶段把朗读、诵读、默读结合起来，对重点部分作进一步的感知。

第13课 穷 人

| 原 | 文 | 呈 | 现 |

渔夫的妻子桑娜坐在火炉旁补一张破帆。屋外寒风呼啸，汹涌澎湃的海浪拍击着海岸，溅起一阵阵浪花。海上正起着风暴，外面又黑又冷，这间渔家的小屋里却温暖而舒适。地扫得干干净净，炉子里的火还没有熄，食具在搁板上闪闪发亮。挂着白色帐子的床上，五个孩子正在海风呼啸声中安静地睡着。丈夫清早驾着小船出海，这时候还

没有回来。桑娜听着波涛的轰鸣和狂风的怒吼，感到心惊肉跳。

古老的钟发哑地敲了十下，十一下……始终不见丈夫回来。桑娜沉思：丈夫不顾惜身体，冒着寒冷和风暴出去打鱼，她自己也从早到晚地干活，还只能勉强填饱肚子。孩子们没有鞋穿，不论冬夏都光着脚跑来跑去；吃的是黑面包，菜只有鱼。不过，孩子们都还健康，没什么可抱怨的。桑娜倾听着风暴的声音，"他现在在哪儿？老天啊，保佑他，救救他，开开恩吧！"她自言自语着。

睡觉还早。桑娜站起身来，把一块很厚的围巾包在头上，提着马灯走出门去。她想看看灯塔上的灯是不是亮着，丈夫的小船能不能望见。海面上什么也看不见。风掀起她的围巾，卷着被刮断的什么东西敲打着邻居小屋的门。桑娜想起了傍晚就想去探望的那个生病的女邻居。"没有一个人照顾她啊！"桑娜一边想一边敲了敲门。她侧着耳朵听，没有人答应。

"寡妇的日子真困难啊！"桑娜站在门口想，"孩子虽然不算多——只有两个，可是全靠她一个人张罗，如今又加上病。唉，寡妇的日子真难过啊！进去看看吧！"

桑娜一次又一次地敲门，仍旧没有人答应。

"喂，西蒙！"桑娜喊了一声，心想，莫不是出什么事了？她猛地推开门。

屋子里没有生炉子，又潮湿又阴冷。桑娜举起马灯，想看看病人在什么地方。首先投入眼帘的是对着门的一张床，床上仰面躺着她的女邻居。她一动不动。桑娜把马灯举得更近一些，不错，是西蒙。她头往后仰着，冰冷发青的脸上显出死的宁静，一只苍白僵硬的手像要抓住什么似的，从稻草铺上垂下来。就在这死去的母亲旁边，睡着两个很小的孩子,都是卷头发、圆脸蛋,身上盖着旧衣服,蜷缩着身子,两个浅黄头发的小脑袋紧紧地靠在一起。显然,母亲在临死的时候,拿自己的衣服盖在他们身上,还用旧头巾包住他们的小脚。孩子呼吸均匀而平静,睡得正香甜。

桑娜用头巾裹住睡着的孩子,把他们抱回家里。她的心跳得很厉害,自己也不知道为什么要这样做,但是觉得非这样做不可。她把这两个熟睡的孩子放在床上,让他们同自己的孩子睡在一起,又连忙把帐子拉好。

桑娜脸色苍白,神情激动。她忐忑不安地想:"他会说什么呢?这是闹着玩的吗?自己的五个孩子已经够他受的了……是他来啦?……不,还没来!……为什么把他们抱过来啊?……他会揍我的!那也活该,我自作自受……嗯,揍我一顿也好!"

门吱嘎一声,仿佛有人进来了。桑娜一惊,从椅子上站起来。

"不,没有人!天啊,我为什么要这样做?……如今叫我怎么对他说呢?……"桑娜沉思着,久久地坐在床前。

门突然开了,一股清新的海风冲进屋子。魁梧黧黑的渔夫拖着湿淋淋的被撕破了的渔网,一边走进来,一边说:"嘿,我回来啦,桑娜!"

"哦,是你!"桑娜站起来,不敢抬起眼睛看他。

"瞧,这样的夜晚!真可怕!"

"是啊,是啊,天气坏透了!哦,鱼打得怎么样?"

"糟糕,真糟糕!什么也没有打到,还把网给撕破了。倒霉,倒霉!天气可真厉害!我简直记不起几时有过这样的夜晚了,还谈得上什么打鱼!还好,总算活着回来啦。……我不在,你在家里做些什么呢?"

渔夫说着,把网拖进屋里,坐在炉子旁边。

"我?"桑娜脸色发白,说,"我嘛……缝缝补补……风吼得这么凶,真叫人害怕。我可替你担心呢!"

"是啊,是啊,"丈夫喃喃地说,"这天气真是活见鬼!可是有什么办法呢!"

两个人沉默了一阵。

"你知道吗?"桑娜说,"咱们的邻居西蒙死了。"

"哦?什么时候?"

"我也不知道,大概是昨天。唉!她死得好惨啊!两个孩子都在她身边,睡着了。他们那么小……一个还不会说话,另一个刚会爬……"桑娜沉默了。

渔夫皱起眉,他的脸变得严肃、忧虑。"嗯,是个问题!"他搔搔后脑勺说,"嗯,你看怎么办?得把他们抱来,同死人待在一起怎么行!哦,我们,我们总能熬过去的!快去!别等他们醒来。"

但桑娜坐着一动不动。

"你怎么啦?不愿意吗?你怎么啦,桑娜?"

"你瞧,他们在这里啦。"桑娜拉开了帐子。

文│本│简│析

课文的作者是俄国著名作家列夫·托尔斯泰。当时,俄国劳动人民处于沙皇的黑暗统治之下,生活极度贫困,但是他们心地善良、情操高尚。课文讲述了渔夫和他妻子桑娜关心、同情邻居西蒙,在西蒙死后毅然收养了她的两个孩子的故事,反映了穷人纯朴善良的同情心和乐于助人的高尚品质。作者通过桑娜一家的生活反映了那一时期穷苦人民的苦难生活和他们美好的心灵。学习课文可以实现"受到高尚情操与趣味的熏陶,发展个性,丰富自己的精神世界"的单元教学目标。

课文分为三个部分:第一部分(第1~2自然段)讲述在海上起风暴的夜晚,桑娜焦急地等待着出海捕鱼的丈夫归来;第二部分(第3~11自然段)讲述桑娜看望生病的邻居西蒙,发现西蒙死了,便把西蒙的孩子抱回自己的家;第三部分(第12自然段至结束)讲述渔夫出海归来,听说西蒙死了,主动提出收养西蒙的孩子。

课文在写作上有以下几个突出特点:

第一,环境描写生动。环境描写是指对人物所处的具体的社会环境和自然环境的描写。课文开头写道:"屋外寒风呼啸",海浪"汹涌澎湃",既交代事情发生的地点背景,又烘托出桑娜"心惊肉跳"的不安之感;"这间渔家的小屋里却温暖而舒适"。从中看出女主人的勤劳贤惠,她对丈夫、对孩子、对这个家的热爱以及善良之情。邻居西蒙家"屋子里没有生炉子,又潮湿又阴冷",弥漫着一种死亡的气息。

第二,心理描写真实。真实的心理描写在矛盾冲突中显示人物的品质。第2自然段描写了桑娜矛盾痛苦的心理状态,桑娜决定抱回两个孤儿的时候,并不是当机立断而是忐忑不安的,这是穷苦人民在贫困的生活状态中一种真实心理的写照,它不但不会减弱桑娜善良性格、纯洁心灵的光彩,反而在思想斗争的心理活动中,增添了她克己待人形象的光辉。

第三,语言描写朴实。无论是叙述语言还是人物的对话,课文中的语言都恰如其分,朴实无华,感人肺腑。环境的险恶、生活的贫困,作者都只用寥寥几笔就让读者有了身临其境之感,对桑娜一家和西蒙一家有了深切的同情。而桑娜的内心独白以及她和丈夫的对话,虽然平平常常,却表明了他们不遗余力收养孤儿的共同想法。课文结尾戛然而止，却给人留下了无穷的回味：穷人的心灵是多么美好高尚！

朗 读 指 导

结合课文在写作上的特点，对于课文中的有关环境描写、心理描写和语言描写的朗读提出以下建议：

一、环境描写通常包括交代事件发生的地点或背景，增加事件的真实性、渲染气氛、烘托人物形象

课文第一句交代了女主人的身份——渔夫的妻子之后，就进行了环境描写："屋外寒风呼啸，汹涌澎湃的海浪拍击着海岸，溅起一阵阵浪花。"这句话语速要稍快，语势较强，显示出环境的险恶。"海上正起着风暴，外面又黑又冷"，"黑"和"冷"用拖长的方式处理，传递出生活处境的艰难。"这间渔家的小屋里却温暖而舒适。地扫得干干净净，炉子里的火还没有熄，食具在搁板上闪闪发亮。挂着白色帐子的床上，五个孩子正在海风呼啸声中安静地睡着。"这段室内环境描写和前面的自然环境描写形成了对比，"温暖而舒适"的小屋、孩子们的安睡都得益于女主人的勤劳贤惠，这个家庭虽然贫穷却洋溢着温馨的氛围，所以朗读的时候应用舒缓的语气、平静的语调。

"古老的钟发哑地敲了十下，十一下……"这句话既交代了时间——已是半夜时分，又烘托出桑娜焦急的心情——她的内心不仅是每一时，很可能是每一分每一秒都在惦记着在大风暴的天气出海打鱼、深夜未归的丈夫的平安。这里的省略号略去的是陈旧的古钟敲击声递增的次数。教师可以引导学生讨论，为什么作者没有直接写"已经到半夜了"，从而使学生认识到通过这样的形象描写，更能起到渲染气氛的效果，在朗读的时候也不再是平淡地叙述，而是被桑娜不安的情绪所感染。

二、课文着力最多的人物心理描写

从一开始女主人公对丈夫的担忧牵挂，到抱回孩子后矛盾忐忑的心情，以及丈夫回到家时的两次"沉默"。课文中多次通过省略号表达的断断续续，真实地描摹了一个善良妇女的心理活动，给人感觉细腻真实，也非常适宜于通过朗读加以体现。

因为牵挂丈夫，所以虽然已是半夜时分，桑娜还是决定出门去看看。路过生病的寡妇西蒙家门前时，"寡妇的日子真困难啊！"桑娜站在门口想，"孩子虽然不算多——只有两个，可是全靠她一个人张罗，如今又加上病。唉，寡妇的日子真难过啊！进去看看吧！""寡妇的日子难"前后重复出现，体现出贫穷的桑娜对于处境更为艰难的邻居的同情之心。前文的讲述中，写到桑娜一家生活的困顿："丈夫不顾惜身体，冒着寒冷和风暴出去打鱼，她自己也从早到晚地干活，还只能勉强填饱肚子。孩子们没有鞋穿，不论冬夏都光着脚跑来跑去；吃的是黑面包，菜只有鱼。"但是桑娜还是认为"没什么可抱怨的"，从中看出她对生活易于满足的善良品性。对于西蒙一家的生活状态，她却接连唉声叹气，其中包含有关切，也有一份无奈。这部分心理描写在朗读时要体现一种沉重感。

桑娜发现西蒙已经死去，她把两个熟睡的孩子抱回了自己的家，之后的心理描写更为起伏跌宕。

桑娜脸色苍白，神情激动，产生了一连串的心理活动。这段心理描写中连续出现的几个省略号，以及问号和感叹号，表明桑娜的心情很复杂，有疑虑、有忧伤、有同情、有畏惧，更有为救人之难而勇于承担一切后果的决心。"他会说什么呢？这是闹着玩的吗？自己的五个孩子已经够他受的了……"这句话里包含着自责和焦虑，困窘的生活已经让丈夫承受着巨大的压力，原本五个孩子现在变成了七个，本来靠黑面包勉强填饱的肚子可能都要挨饿，未来生活的艰难难以想象。读这句话的时候既要有不安的语气，又要体现出桑娜对丈夫的体贴和爱。"……是他来啦？……不，还没来！"问号前的内容语调要上扬，叹号前的内容语调要下抑，语速稍急促，把桑娜焦灼、不知所措的情绪表现出来，既盼望丈夫平安归来，又担心他因为自己抱回两个孤儿而发怒。"……为什么把他们抱过来啊？"这句话其实是有答案的，因为桑娜的善良和富于同情心，她已经认定自己这样做是正确的。"他们"是两个孤苦无助的孩子，对于这样幼小的生命，桑娜有一种出于本能的爱，所以这句话的朗读不应是一种后悔和自责的语气，虽然有对自己的行为的疑虑，但更多的是一种对于弱者的关爱，所以还是要读得柔和，如同喃喃自语一般。"……他会揍我的！那也活该，我自作自受……嗯，揍我一顿也好！"她猜测丈夫会打她，但她一点不后悔，心里反倒安定下来，只要两个孩子能够容身，她就心甘情愿受皮肉之苦。"他会揍我的！"这句要读得有紧张感，"嗯，揍我一顿也好！"这句要读得短促有力，说明桑娜经过激烈的思想斗争还是下定决心宁可自己被责罚。这一部分朗读主要需理解桑娜的心理活动变化的过程，体会其中复杂强烈的思想感情，也就把桑娜纯朴、善良、乐于助人的性格更好地表达出来了。

三、渔夫归来后与桑娜的对话描写

渔夫的形象是"魁梧黧黑的"，所以他的声音应该粗重有力，虽然经过了一天的疲劳，但是作为支撑一家生活的主力，他的声音的力度也要传达出一种可以依靠的感觉。"嘿，我回来啦，桑娜！"这句话要用稍高的语调、较强的力度，体现出一个成年男人、一个劳动者的性格特点。

当得知死去的邻居西蒙留下两个幼儿的消息之后，渔夫只是稍一迟疑，马上又说，"嗯，你看怎么办？得把他们抱来，同死人待在一起怎么行！哦，我们，我们总能熬过去的！快去！别等他们醒来。"这句话要读得坚定、迅速，表达出渔夫对于收养两个孤儿不曾迟疑过。

桑娜的语气最初是迟疑、忐忑的，因为她不知道丈夫会是什么态度。"你知道吗？"……"咱们的邻居西蒙死了。""我也不知道，大概是昨天。唉！她死得好惨啊！两个孩子都在她身边，睡着了。他们那么小……一个还不会说话，另一个刚会爬……"朗读时应该用低弱的气息、较小的音量表达出桑娜既充满同情又紧张不安的心情。

当听到丈夫让她把孩子抱回自己家时，桑娜心中的顾虑完全被打消了，说出这句："你瞧，他们在这里啦。"此时她的心里充满了安慰，所以声音也应该充满柔情，尽管未来的日子会极为艰难，但是丈夫给了她信心。全文应该在桑娜温柔、甜美的声音之中收束。

这一部分的朗读，教师要启发学生在读的过程中揣摩人物的心理，从语调、语气、语速上传达出二人如何达成了精神上的共鸣。

| 教 | 学 | 建 | 议 |

第一，合理安排教学内容。课文较长，教学内容很多，但是如果面面俱到，那就等于失去了教学的重点，所以应将教学内容重点化、条理化。课文内容结构上很明显地是按照事情的发展顺序或时间顺序记叙的，有利于帮助小学生理清文章脉络。朗读上要快乐有快乐，要紧张有紧张，要忐忑有忐忑，真情表达，跌宕起伏。我们可以在第一课时中，通过朗读、讨论和梳理，重点是通读全文、说说故事、讨论

环境描写，来了解桑娜一家真穷，从而联想到当时的俄国所有的穷人艰难的生活状态。第二课时中，可以围绕"桑娜一家真的很穷吗"的话题，抓住桑娜家庭环境、桑娜忐忑不安的心理、桑娜和渔夫谈西蒙孩子的去向的对话等，来品味穷人不穷，他们很富有，他们拥有一双勤劳的手，拥有一颗同情善良的心，拥有一种人帮人的精神。

第二，体会课文的真情实感。课文篇幅比较长，故事叙述比较具体，但是故事情节比较流畅，描写生动，扣人心弦。在教学过程中，不仅要读懂课文，掌握课文主要内容，还要感受文章所透射出的真情实感。随着对课文的层层朗读，学生不但会感受到桑娜和渔夫一家的贫穷生活，更会感受到他们一家的美好的内心世界。

第三，学习作者是如何通过对环境、人物心理、对话等方面的描写来抒发美好情感的，从这些描写中可以看出桑娜和渔夫是怎样的人。课文之所以有强大的魅力，与其中的许多语言现象分不开，如夜晚海面上让人惊心动魄、心惊肉跳的环境描写，而屋内让人倍感温暖与舒适的家庭环境描写。又如桑娜抱回西蒙两个孩子后那忐忑不安的心理活动，让人品味其复杂、矛盾的内心活动，让人看到了穷人美好的心灵。再如渔夫回家后，桑娜与渔夫的对话描写，不仅让人担心桑娜的做法，更让人担心渔夫的想法，然而渔夫朴实的话语，使人感到心生暖意。

第四，精心设计教学问题。面对这长篇课文，可以在通读全文的基础上，设计一两个主要问题，以引导学生很快掌握课文主要内容。如课文哪些方面写出了桑娜一家真的很穷？开头的环境描写对穷人一家起到怎样的作用？穷人桑娜一家真的很穷吗？从哪些方面可以看出穷人不穷？桑娜富有的是什么？这一系列的问题，个个问到点子上，个个朝着教学目标挺进，从而引发学生强烈的思考欲望，让学生意言兼得。

第17课 古诗三首

原文呈现

浪淘沙①（其一）

〔唐〕刘禹锡

九曲黄河万里沙，

浪淘风簸②自天涯。

如今直上银河去，

同到牵牛织女家。

注释

①〔浪淘沙〕唐代曲名。

②〔簸〕颠簸。

文本简析

刘禹锡是唐朝著名的文学家、哲学家。他诗文俱佳，涉猎题材广泛，著有《陋室铭》《乌衣巷》等名篇。本诗是当年刘禹锡接连被贬谪后所写。当年他以积极乐观的心态面对世事变迁，这首诗正表达了他的这种情感。

"浪淘沙"是唐代曲名。刘禹锡创作的这首诗极具想象力，写出了黄河水的气势磅礴，同时也表达了自己的胸襟与人生态度。

万里黄河蜿蜒而下，在众多支流汇入的过程中裹挟着两岸的泥沙，波涛滚滚，掀起巨浪，冲洗涤荡着水中的沙石。随风涌上的水柱似乎要直飞到银河之上，诗人也想与黄河之水同行，一起寻访牛郎与织女。

　　诗的开头，"九曲黄河"意在说黄河水蜿蜒而行，流过众多地域，正是由此才有"万里沙"的汇聚。第二句重点突出了水中沙石一路随波涛奔涌而来历经浪淘风簸的艰难历程。诗的后两句则充分发挥想象力，沙石历经磨难，乘风破浪，随着河水翻腾直上云霄，恰恰象征着诗人自己的处世态度，诗人思绪也随之飞上天际，去寻牛郎织女的家。结尾处用到了神话故事，包含浪漫主义色彩，"牵牛织女家"象征的就是美好的事物，表达诗人自己不畏艰难困苦而对美好生活的不懈追求与向往。

朗 读 指 导

　　诗题在字面上就为读者展现了一幅壮阔而颇有气势的画面——浪花翻滚不断淘洗泥沙。所以诗题的朗读更应发音饱满，读出水里挟沙石的力度。为了突出水涛波浪的涌动之势，可以将"浪"字音稍稍拉长，先强后弱，读出浪的起、落以及蓄势待发的状态。"淘"作为动词，是"浪"施加给"沙"的，同样为了烘托"浪"的气势，表现沙石一路经历的洗礼与磨炼，可以将"淘"重读。

　　诗的前两句就为读者拓宽了视野，不仅仅局限于黄河水翻滚的一个画面，而是纵观黄河一路的奔腾。

　　第一句中"九曲"二字，一方面表明河水流动线路的曲折，另一方面也暗示着"沙"所必经的艰难旅程，所以这两个字要读得稍重些、语速稍慢些。而后面的"万里"则又为"九曲"的旅途增添了漫长之感，为了进一步突出，读"万里"二字时字音可以比"九曲"更重一些，而且"万里"相比"九曲"的蜿蜒多了绵长的感觉，字音可以适当拉长。

最后的"沙"可以适当加强气息,表现裹挟沙石之多,同时体会泥沙历经万里漂泊的艰辛。

第二句则将路途所遇的艰难险阻进一步细化,"浪淘风簸"中的"淘"与"簸"充满了力量与冲击感,可以做重读处理,同时将二字字音稍延长,营造壮阔气势,更加突出沙石所经受的磨难。另外还可以将语速提快,表达风浪交替袭来,毫无间断停歇。"自天涯"再次将画面延伸,为了表现开阔之感,可以放慢语速,并将语调下降,表现历经险阻后的沉稳与成熟。

第三句中的"如今"意为当下,可以降低语调,为后面的充满气势的朗读奠定基础。"直上"二字要读得有力度,可以稍稍加强语气,突出波浪在强风的作用下起伏之高、变化之大,气势磅礴,不惧阻拦,直入云霄,更能表达诗人对美好事物的执着追求与向往。为了用朗读表达出诗人的豪迈性格,"上"字音可以稍稍延长,营造气势的悠扬回荡。"银河"是作者对天际的大胆想象,高远而深邃,可以在朗读时将语调上扬,体会画面的延伸感。后面紧跟"去",为了表达诗人的旷达胸襟,"去"语气增强,展现扶摇直上的气势。

最后一句,再次将银河之上也就是诗人的向往之地,表达得更为具体,此时乘着诗人的想象,眼前似乎也有了祥和美妙的画面。所以在朗读时,也要读出身处仙境的轻松愉悦,此时需渐渐放慢语速,降低语调。其中"牵牛"与"织女"是两个星座,在神话故事中,牛郎织女遥遥相望,而在诗人笔下"牵牛"与"织女"似乎会合在一起,更有团聚幸福的感觉。朗读时为了表现出诗人所创设的意境,可以将"牛"字音稍稍延长,让"牵牛"与"织女家"之间的停顿变得模糊一些,有隐隐连接之感,表现诗人心中的浪漫情怀。

教学建议

刘禹锡在政治生涯中屡屡受挫,在他的诗词中大多表达了历经贬谪之后对生活的思考与感受,其中不乏有人生哲理之言。本诗中诗人就运用了极为丰富的想象,为读者勾勒出一幅奇幻且充满气势的图画。在教学过程中,为了让学生能够透过这些瑰丽的文字了解到诗人内心的波澜,教师也需要在讲解过程中、在带领学生朗读的过程中,渗透诗人的经历,这样才可以加深对文本的理解,朗读也就不会仅仅止步于画面的新奇。建议在教学中注意如下几点:

第一,诗中黄河气势之壮阔被渲染得淋漓尽致。为了带入情境,教师可以充分利用视频资源,让学生更真切地认识到风浪之大,沙石之渺小,由这种对比进而体会诗人所经历的恰如在风浪中搏击,引导学生在朗读中把握重音与语调。

第二,充分发挥学生的想象力。对银河、牵牛、织女等带有美好象征意味的词进行想象的延伸,让学生借助以前所听闻的神话故事,在头脑中构建银河之上的美妙世界,感受诗人对这种美好的向往与追求,朗读最后一句时在语速、语调上要有所控制。

第三,在朗读时着重把握诗中的"直上"二字,体会这样的动作,再与其后连接的"银河去"相关联,既有气势蓬勃的景致,又展现了诗人的无所畏惧。教师在指导学生朗读时要把这种动作的气势呈现出来,为学生模仿提供借鉴。

原文呈现

江南春

〔唐〕杜 牧

千里莺啼绿映红，
水村山郭①酒旗②风。
南朝③四百八十寺④，
多少楼台烟雨中。

注释

①〔山郭〕山城，山村。

②〔酒旗〕酒招子，酒馆外悬挂的旗子之类的标识。

③〔南朝〕420—589年先后建都于建康（今江苏南京）的宋、齐、梁、陈四个朝代的总称。

④〔四百八十寺〕"四百八十"是虚指，形容寺院很多。

文本简析

这首诗是晚唐诗人杜牧所创作的独具江南特色的写景小诗，在描绘景色之余，也有借古讽今的意味。晚唐时期，僧尼之数上升，建起大批寺院，大大削弱了政府实力，加重了国家负担。杜牧就是在这样的背景下，见眼前江南之景，不禁想起南朝过度兴办佛事反而误国害民的教训，写下此诗。

题目"江南春"开始时作为诗题出现，多用于描绘江南春景，后也用作词牌名。杜牧创作的《江南春》是一首七言绝句，前两句描绘了江南春光之明媚——大地上莺啼声声，清脆悦耳，绿草连片更有繁花点缀，色彩明丽，远处水边村庄和山脚小城中酒家旗子在微风中轻摇；后两句再现了江南烟雨蒙蒙的景色，同时带入历史感，别有一番深意——南朝遗留下大量古寺，这无数的楼台也隐匿在烟雨之中。

诗的一开头，就已经在读者面前呈现了最具江南春日特色的景物：辽阔的江南大地、黄莺婉转啼叫、绿色与红色交相辉映、傍水的村落、依山的城郭、迎风飘动的酒旗，既有近处之景，又有远处的画面；既有耳朵听到的自然之音，又有眼睛所见的明丽色彩；既有静态的村落，又有微风中摆动的酒旗。眼前的晴朗春日的江南，层次丰富而富有立体感。诗的后两句，诗人又展现了江南的另一面——烟雨朦胧。其中"四百八十寺"带入了历史感，结合当时国家境况，在展现深邃幽美的同时也含蓄地表达了诗人忧国忧民的情怀。

| 朗 | 读 | 指 | 导 |

诗的题目"江南春"简单自然，点明整首诗的内容——描绘江南的春日图景，朗读时可以语调上扬，与接下来诗的前两句——描写晴日春光相联系，读出轻松、明快之感，带入到诗人为我们创设的意境之中。再者，由于诗题短小，朗读时无须有明显的停顿。

诗的前两句都是写晴空之下的江南美景，色彩明丽，也带给读者愉悦的感觉。

第一句中的"千里"指的就是江南平原地带，为了读出江南大地的开阔，可以将二字语速放慢，表现画面的延伸感，突出春日江南所散发的勃勃生机。同时也要注意在"千里"与"莺啼"之间不要有过于生硬的停顿，可以将"里"字音延长，将诗人所描绘的画面连接起来，增强整体性。"莺啼"给人以婉转动听之感，可以想象春日里的黄莺在新绿枝头欢快跳动发出悦耳的音符，在朗读时也需要把这两个字读得短些，可以适当提高音调，突出鸟儿清脆的叫声。诗人随后将目光转向早春的颜色，用颜色为读者营造了欣欣向荣的景象，所以读完"莺啼"后可以适当停顿。绿色映衬着刚刚绽放的花朵，色彩虽然简单，但搭配起来很有活力，"绿映红"中的"绿"与"红"应稍稍重读，突出眼前颜色的对比，让春日的颜色变得更为饱满。

诗的第二句动静结合。"水村"与"山郭"是静态的景致，营造的是安逸祥和的氛围，可以读得轻柔些，读出溪水环绕、依傍青山的自然与和谐。另外因为两个词语的性质相似，都是人在自然间聚居的场所，所以二者之间不用停顿。后面所描绘的"酒旗风"则为动态画面，酒家的旗子随着春风飘动，春风轻柔，酒旗自然也是轻轻摇曳，可以放慢语速，"风"将语调适当上扬，稍稍运用气声，读出在和煦的春风里的浮动感。

诗的后两句，则展现了阴雨中的江南。诗人借着眼前的画面，用文字将读者带回历史的长河中，悠远而富有深意。触及历史，读起来更要有深沉的感觉。

第三句整体语调较为低沉，"南朝"表明寺庙兴建时间，朗读时应该与后面的数字间有个停顿，表达揭开历史风尘的感觉。其后的"四百八十寺"，为了突出南朝时修建寺庙之多，可以重读，并且语速稍加快，联系最后一句的内容，体会诗人对当权者过度注重佛事的担忧。

第四句中无数楼台都被绵密的烟雨所遮蔽，一方面表现春雨江南的朦胧美，另一方面也含有深意。"多少楼台"指向的是前人大量修建的庙宇，诗人此处在感叹：如此之多的建筑兴建时劳民伤财，最终不也会被满城的烟雨所遮盖吗？为了表达诗人复杂的内心情感，"多少"二字可以重读,在朗读"烟雨中"时则要读得慢一些,将字音拉长,营造雨中朦胧的意境,给读者留下思索的空间。

教 学 建 议

针对这首古诗的前两句的讲解与教学,教师可以先从构建晴空下江南美景的画面入手。为使学生更好地感知诗人的文字,教师可以查找包含诗句中景物的图片或视频,让学生对照诗人的文字发现画面中的景物,并说说自己所发现的这些景致的特点。这样有助于调动学生个人的生活经验与感悟,对诗人笔下的江南形成一定的印象,从而感受诗人当时的情感,在朗读过程中加以表达。

针对这首古诗后两句的教学,教师要引导学生通过查找资料,了解当时的社会现实和写作背景,从而体会诗句写景的背后所隐含的痛惜之情和满腔愤懑。

原 文 呈 现

书湖阴先生①壁

〔宋〕王安石

茅檐长扫净无苔②,

花木成畦③手自栽。

一水护田将绿绕,

两山排闼④送青来。

注释

①〔湖阴先生〕杨骥(字德逢)的别号。杨骥是王安石退居江宁(今江苏南京)时的邻居。

②〔苔〕青苔。

③〔畦〕这里指种有花木的一块块排列整齐的土地，周围有土埂围着。

④〔排闼〕推开门。闼，小门。

文 本 简 析

这首诗是王安石题写在湖阴先生——邻居杨德逢家墙壁上的，此题下有两首诗，这是第一首。王安石的诗作长于说理与修辞，善用典，但也有情韵深婉之作。王安石晚年退居南京，生活节俭，纵情山水，这一时期作品的意境也清远自然。《书湖阴先生壁》就是其中之一。

诗人题诗的对象是杨德逢，一位躬耕田园的隐士，是王安石晚年居南京时的邻居和好友。这首诗是对友人院落、住所的描绘，展现了这位隐士所住之处的清幽雅致，同时也表现了自己对于这平和、安逸之境的喜爱。诗的前两句从微观的视角来写院内景致：茅草铺就的屋檐下，主人时常打扫，洁净得没有一丝青苔。花草树木整齐排列在那，也看得出主人时常打理的痕迹。首句中的"茅檐"其实点明朋友所住之地并不豪华，茅草搭建的屋檐给人质朴的亲近感。仅用"无苔"二字就将"长扫"的画面变得更加具体可感，江南湿地本就易生苔藓，且苔藓较难清除，但诗人恰当用字带来了丰富的表现力。第二句中"花木"是院中景物，"成畦"不仅有花木整齐之意，还暗示其丰美茁壮之态，更显现了主人的闲情逸致与生活情趣。后两句则带领读者走出院子，从宏观的角度来写院外背景的美妙：院外一条小河护卫着农田，将青绿色的田地围绕起来，远处两座青山恰似推开的两扇门，送来一片翠绿。诗人运用拟人的修辞手法写出了河流环绕滋润两岸的柔美；两座山峰同样用拟人的修辞手法将推开门后冲入视野的清新色彩写了出来，表现了山水与湖阴先生之间似有似无的细微情感，感受湖阴先生本人的高洁以及他高雅的生活情趣。

| 朗 | 读 | 指 | 导 |

读诗题需要停顿，"书"意为书写、题诗，"湖阴先生"表明诗人题诗的对象，在二者之间可以有短暂停顿，最后的"壁"是诗人题诗的地点——友人家的墙壁，在"湖阴先生"与"壁"之间不用停顿，这样能表达是湖阴先生家的墙壁之意。

诗的前两句写院内整洁的画面，表现友人日常的清静心态。第一句"茅檐"从字面意思上来看是茅草屋檐，结合整句话的内容来看，则代表了友人的庭院，是地点名词，与后面的内容间有所停顿。"长扫"中的"长"也可以理解为经常，代表着房屋主人常常打扫院落，为了突出友人的良好的生活习惯，可以重读"长"。最后"净无苔"是时常打扫之后所呈现的景象，进一步对友人喜爱干净进行了刻画，所以"净"也可以稍稍加重读音，同时从"净"中我们也可以感受到湖阴先生内心的清静，为了表现其内心的宁静，可以将"无苔"二字读得轻一些，字音稍延长些。第二句中，"花木成畦"语义是连贯的，可以在其后停顿一下，其中"畦"更含有整齐之意，"成畦"在朗读时将语调上扬，以展现主人打理花草之巧妙与用心。"手自栽"同样也是对湖阴先生雅致的生活情趣的刻画，读这三个字时可以把语调放平，表现主人悠然闲适和富有情趣的生活。

诗的后两句将水与山赋予了情感与温度，其包容、柔和、自然之感也与湖阴先生的处世态度相融合。第三句中"一水"可以把"水"字音拉长，描绘出溪水缓缓流淌、滋润两岸的和谐画面。"护田"的"护"

是诗人运用拟人的修辞手法的体现，可以重读，但不能用过强的语气，因为水是柔的，"护"是充满包容的呵护。"护田"其后紧接"将绿绕"，朗读时也无须在其间过长停顿，但"将绿绕"确实让水流的蜿蜒之感展现得更为具体，所以语调适宜上扬。最后一句又进一步地开阔了眼前的视野，将目光推向远处的山与山之间，并把山中间的景色与推门这一动作结合起来，为读出此时的动态之感，烘托诗人与湖阴先生内心的旷达，可以在"排闼"二字处重读，并将前面的"两山"与其连读。"送青来"有与自然相交流的感觉，同时也可以感受到诗人见此景的愉悦与畅快，读时可以放慢语速，为了展现山水与人之间的和谐，可以将语调上扬。

教 学 建 议

学习、诵读古诗文并养成自主阅读、欣赏古诗文的习惯，可以培养小学生的文学品位、语言素养、诵读习惯、表达能力，以形成对理想的美好追求与向往。《书湖阴先生壁》中有两处用典，分别是"护田""排闼"，在《汉书·西域传序》中有记载："自敦煌西至盐泽，往往起亭，而轮台、渠犁皆有田卒数百人，置使者校尉领护。"《汉书·樊哙传》："樊哙乃排闼直入，大臣随之。"只不过诗人在此处已经创造性地把古语化入自己的诗作中，教师可以帮助学生了解这个典故的出处，以便更进一步地体会此处诗人运用拟人的修辞手法之意味。另外，教师在教学中应重点把握这样几个关键词："净无苔""成畦""护田""将绿绕""排闼""送青来"，在了解意思的基础上，与湖阴先生的性格、生活联系起来进行思考，感受诗人所书写的这份宁静、淡然、高洁的美好。把握古诗的整体感受，用自己喜欢的方式把古诗诵读出来。

第18课 只有一个地球

| 原 | 文 | 呈 | 现 |

据有幸飞上太空的宇航员介绍，他们在天际遨游时遥望地球，映入眼帘的是一个晶莹的球体，上面蓝色和白色的纹痕相互交错，周围裹着一层薄薄的水蓝色"纱衣"。地球，这位人类的母亲，这个生命的摇篮，是那样美丽壮观，和蔼可亲。

但是，在群星璀璨的宇宙中，地球是一个半径约为6400千米的星球。同茫茫宇宙相比，地球是渺小的。它只有这么大，不会再长大。

地球所拥有的自然资源也是有限的。拿矿产资源来说，它不是谁的恩赐，而是经过几百万年，甚至几亿年的地质变化才形成的。地球是无私的，它向人类慷慨地提供矿产资源。但是，如果不加节制地开采，必将加速地球上矿产资源的枯竭。

人类生活所需要的水资源、土地资源、生物资源等，本来是可以不断再生，长期给人类作贡献的。但是，因为人们随意毁坏自然资源，不顾后果地滥用化学品，不但使它们不能再生，还造成了一系列生态灾难，给人类生存带来了严重的威胁。

有人会说，宇宙空间不是大得很吗，那里有数不清的星球，在地球资源枯竭的时候，我们不能移居到别的星球上去吗？

科学家已经证明，至少在以地球为中心的40万亿千米的范围内，没有适合人类居住的第二个星球。人类不能指望地球被破坏以后再移居到别的星球上去。

不错，科学家们提出了许多设想，例如，在火星或者月球上建造移民基地。但是,即使这些设想能实现,也是遥远的事情。再说,又有多少人能够去居住呢?

"我们这个地球太可爱了,同时又太容易破碎了!"这是宇航员遨游太空目睹地球时发出的感叹。

只有一个地球,如果它被破坏了,我们别无去处。如果地球上的各种资源都枯竭了,我们很难从别的地方得到补充。我们要精心地保护地球,保护地球的生态环境。让地球更好地造福于我们的子孙后代吧!

文 | 本 | 简 | 析 |

"只有一个地球"是 1972 年在瑞典首都斯德哥尔摩召开的人类环境会议上提出的口号。课文以此为题,采用科学小品文(文艺性说明文)的形式,从人类生存的角度介绍了有关地球的知识,阐明了人类"只有一个地球"的事实,呼吁人类应该珍惜资源,保护地球。

课文层次分明,脉络清晰。先从宇航员在太空遥望地球所看到的景象写起,引出了对地球的介绍;接着从地球在宇宙中的渺小、地球所拥有的自然资源有限而又被不加节制地开采或随意毁坏等方面,说明地球面临着资源枯竭的威胁;然后用科学家研究的成果证明,当地球资源枯竭时,人类目前无法移居到第二个适合的星球上;最后告诉读者,人类应该精心保护地球,保护地球的生态环境。

课文采用了列数字、举例子等多种说明方法,科学地介绍了有关地球的多方面知识,有力地说明了"只有一个地球"的事实。用词严谨,表达生动,是课文语言的主要特点。同时,课文多处采用比喻、拟人等修辞手法,体现了科学小品文语言的生动形象性。

全文融科学性、艺术性和思想性于一体，在介绍科学知识的同时，又能激发读者的情感，启迪读者的思想。

朗读指导

课文在表达方面十分注意用词的准确、行文的严谨。教学中应引导学生在朗读中体会，以增强学生的语感。"人类生活所需要的水资源、土地资源、生物资源等，本来是可以不断再生，长期给人类作贡献的。"这句中的"本来"暗示了人们对地球自然资源的破坏，要提示学生重读。"科学家已经证明，至少在以地球为中心的40万亿千米的范围内，没有适合人类居住的第二个星球。"这句中的"至少"则显示出说明文语言的准确和严谨，朗读时也要重读。然后，可让学生从课文中再找一找类似的词语，引导学生在朗读中体会这些词语的表达效果。

课文是说明性文章。指导学生朗读这类作品，除了同朗读叙事性作品一样要注入自己的感情以外，还要注意行文的严谨，表达出这类作品的逻辑思维。如"不错，科学家们提出了许多设想，例如，在火星或者月球上建造移民基地。但是，即使这些设想能实现，也是遥远的事情。再说，又有多少人能够去居住呢？"读这段话，"但是"之前为一个层次，可用较平直的语调，把前面的"设想"读得稍重一点，以强调这仅仅是设想；"但是"要稍强调，以引起人们注意；"但是"之后的内容，"即使"可强调，使人们感到，这种设想能否实现还是未知数，"又有多少人"稍加强调，以便使人们意识到，即使在火星或月球上建造了移民基地，能去居住的也只是极少数人。

课文中引用的宇航员的感叹："我们这个地球太可爱了，同时又太容易破碎了！"这是学生理解上的一个难点。可抓住这个句子中的重点词语"可爱""破碎""同时",再联系全文,引导学生说说地球的"可爱"表现在哪里,容易"破碎"又表现在哪里,为什么要强调"同时"。体会地球的"可爱",可从"遥望地球"所见到的景象和自然资源等方面思考;理解地球的容易"破碎",可从"不加节制""随意毁坏""不顾后果地滥用"等方面去思考。强调"同时",就是强调地球的两重性:它既有可爱的一面,又有容易破碎的一面;强调"同时",目的在于提醒人们,如果"不加节制""随意毁坏"资源,可爱的地球就可能走向"破碎"。如果精心保护地球的生态环境,可爱的地球就会更加"可爱"。这样分析之后,学生便自然知道朗读时的重音应该放到这些词语上。

教 学 建 议

选编这篇课文的目的,一是引导学生把握主要内容,了解地球的有关知识,懂得人类的生存"只有一个地球";二是引导学生学习联系实际、深入思考的方法,加深对课文的理解,激发学生珍惜资源,保护地球的情感;三是引导学生在阅读中体会课文用词的准确,领悟课文所用的说明方法。

因此教学本课的重点是引导学生在自主阅读的过程中领悟"只有一个地球"的道理。可先让学生通读课文,至少读上两遍,使学生大体了解课文内容。然后,可提出"课文是从哪几个方面说明只有一个地球的"的问题,引导学生细读课文,并在细读课文的基础上,组织学生交流、讨论,使学生从多方面领悟"只有一个地球"的道理。

第21课　文言文二则

原 | 文 | 呈 | 现

伯牙鼓琴①

　　伯牙鼓琴，锺子期听之。方鼓琴而志②在太山③，锺子期曰："善哉④乎鼓琴，巍巍乎若太山⑤。"少选⑥之间而志在流水⑦，锺子期又曰："善哉乎鼓琴，汤汤乎若流水。"锺子期死，伯牙破琴绝弦，终身不复鼓琴，以为世无足复为鼓琴者⑧。

注释

①本文选自《吕氏春秋·本味》。鼓，弹。

②〔志〕心志，情志。

③〔太山〕泛指大山、高山。一说指东岳泰山。

④〔善哉〕好啊。

⑤〔巍巍乎若太山〕像大山一样高峻。巍巍，高大的样子。若，像。

⑥〔少选〕一会儿，不久。

⑦〔汤汤乎若流水〕像流水一样浩荡。汤汤，水流大而急的样子。

⑧〔以为世无足复为鼓琴者〕认为世上再没有值得他为之弹琴的人了。

文 | 本 | 简 | 析

　　本文选自《吕氏春秋·本味》。关于伯牙与锺子期的故事，《列子》《警世通言》中亦有记载，虽与《吕氏春秋·本味》所载文字有所出入，但是内容大同小异，讲述的都是知音难觅的故事。

　　本文题目取自篇首四字。伯牙和锺子期皆是楚国人。历史记载，伯牙探亲时，在汉江边鼓琴，恰好与锺子期相遇，二人志趣相投，成为至交。伯牙和锺子期都是身怀绝技的人，伯牙擅长鼓琴，锺子期擅长听琴，他们的相遇成就了一段高山流水的情谊，他们二人的心灵感应成为一段千古流传的佳话。

  本文行文简练，短小精悍。课文仅有四句话，八十三个字，却为我们展开了一段世间难得的情谊。课文中并没有太多笔墨描写伯牙、锺子期的绝技，只以"巍巍乎若太山""汤汤乎若流水"简单叙述，可这些足以让人感受到伯牙琴声的美妙至极，锺子期闻音的高超能力。两处"善哉"则是锺子期对伯牙的高度赞赏。当锺子期死后，课文中写伯牙"破琴绝弦"这一系列动作，以"终身不复"来写伯牙不再弹琴的决心，让我们感受到伯牙失去世间唯一知音的悲痛情感。短短的篇幅，抒发了浓烈的感情，深深地打动了读者，由此，人们把真正了解自己的人叫作"知音"，用"高山流水"一词比喻知音难觅或乐曲高妙。

| 朗 | 读 | 指 | 导 |

  "琴"在古代泛指古琴，古琴有九德之说，君子之器，象征正德，因此题目"伯牙鼓琴"四字就带给读者高雅之感，朗读时语速宜放慢，气息平稳，"伯牙"与"鼓琴"之间稍有停顿，"琴"语音稍稍拉长，表现琴声悠扬回荡之感。

  首句中，"鼓"与"听"均为动词，一人弹奏一人倾听，具有对应关系，理应重读。"伯牙"与"锺子期"是课文中的人名，读时节奏平稳，营造出一人弹奏一人倾听的和谐感。

  第二句的开始省略了主语"伯牙"。"方"要强调重读，将读者带入伯牙的琴声中。"而"承接上半句，语气轻缓舒张，徐徐递进。"志在"

中的"志"意为心志所在，重读且语调上扬，表达出伯牙内心如高山般的雄伟心志。"太山"泛指高大的山，读此二字时，节奏稍快，语调上扬不拖音，稍停顿后紧连下句"锺子期曰"，用声音将山的伟岸高大表达出来。"善哉乎鼓琴"是锺子期对伯牙鼓琴的赞叹，朗读时语速放慢，读出意味深长之感。其中"善"是好的意思，是赞叹，重读的同时适当延长语音，与句中的"哉"和"乎"顺势而连，不停顿。"哉""乎"均为语气词，朗读时要注意停顿，短短一句话用了两个语气词，表明子期强烈地感受到了伯牙琴声之中传达出的太山之巍峨，不由得发出了赞叹，因此朗读时语调上扬，语音需要延长，读出感叹的语气。"巍巍乎"三字均延长读音，语调上扬，节奏稍缓慢，语气词"乎"处停顿，想象锺子期边说边抬头向上望，仿佛要融入高山，读得高昂、激越。挺拔险峻、高耸入云的太山之景使得锺子期发出感叹"若太山"，"太山"二字读音稍重，语音高扬，读出太山雄伟的气势。

  第三句"少选之间而志在流水"与前文稍作停顿，"少选之间"意为一会儿，表明从太山转向流水的时间间隔短，因此朗读时语速宜放快，读出伯牙鼓琴之时思绪变换的转换之感。"而"与上文的"而"意思有所不同，此处带有转折之意，重读的同时紧连下文，"志在流水"为次重音，稍稍低于"而"。"又"重读，表强调，表明锺子期再一次听懂了伯牙的琴外之意。"善哉乎鼓琴"与前文表述相同，朗读时却不尽相同，此处语速稍放快，与下文浩荡的流水相对应，体现河水的流动感。"汤汤乎若流水"，"汤汤乎"三字语音拉长，与下文稍有停顿。"流水"二字语速稍放缓，读出流水的动态之感，营造出湍急的流水自西向东奔涌而去，愈来愈远的飘远之感。此句过后，作较长停顿，此时无声胜有声，一方面是对漫长时间已流逝的无声表达，另一方面是为下文基调的转换留有的空白。

第四句讲述子期死，伯牙伤心欲绝，破琴绝弦。寥寥数语，却如一幅写意画，那时，那景，那情，跃然纸上。与上文激昂的基调不同，下文基调总体变为沉郁深重，朗读的时候，语速不宜过快，气沉声缓，口腔如负重，气息如竭尽，语气中要包含着深切的怀念和惋惜，表现出字里行间蕴含的忧伤的心情。"死"气息稍虚，声音绵长，哀伤的情绪随着声音的表达流露出来。"伯牙破琴绝弦"，伯牙的"破琴绝弦"不仅仅是摔坏琴、弦，更是此生再也不弹琴的决然，因此"破"与"绝"二字应读重音，读出果断之感。"终身不复鼓琴"与上文相连，表明伯牙的痛惜、绝然之感。"终身"二字读重音的同时稍加延长且与下文气韵相连，"不复"二字宜读得绵长沉郁，但同时唇舌要有力，坚定果断，既表明终身时间之久，又表明伯牙的决然之意。"以为世无足复为鼓琴者"，"以为""无足"之后稍作停顿延长，语势呈落潮式，气徐出，读音渐次下抑，字字渐虚，有无可奈何、力不从心之感，让伯牙失去知音的悲痛之感久久不散。

教 学 建 议

文言文教学应该是指导学生能读其文、通其意、晓其理、感其情，为了达成这一教学效果，诵读应放在首位。学生只有反复诵读，才能深入理解，品悟出文言文的美感，从而更加深刻理解课文背后的深意。

在本课具体的教学过程中，教师应摒弃传统逐字逐句地分析、串讲的形式。教师可以拿《高山流水》的曲子进行导入，借此为大家介绍题目中的人物伯牙，并以此引导学生初步了解锺子期与伯牙的故事，以便于学生能够借助注释迅速、熟练地把握课文的内容，了解课文的意思，尝试着用朗读的形式将山的巍峨，水的壮阔以及伯牙对于有人能听懂自己的弹奏而感到快乐的情绪表达出来。另一方面，教师要引导学生感悟出,锺子期对伯牙的理解不仅仅是能听懂其琴声所传达出来的意境,更是能听懂伯牙如高山般的志向,如河流般的广阔胸怀。对伯牙来说,锺子期就是那个能懂得自己内心的知音。也正因为此,当子期离世后,"伯牙破琴绝弦,终身不复鼓琴,以为世无足复为鼓琴者"。从寻得知音的欢乐到失去知音的悲痛,这一情绪的变化是需要教师着重引导的地方,让学生体会伯牙失去知音的孤寂、痛苦、怀念之情,能够在理解文意的基础上进一步感其情,悟其意。

| 原 | 文 | 呈 | 现 |

书戴嵩画牛①

蜀中有杜处士②,好书画,所宝③以百数。有戴嵩《牛》④一轴,尤所爱,锦囊玉轴⑤,常以自随。

一日曝书画,有一牧童见之,拊掌⑥大笑,曰:"此画斗牛也。牛斗,力在角,尾搐⑦入两股⑧间,今乃⑨掉⑩尾而斗,谬⑪矣。"处士笑而然之⑫。古语有云:"耕当问奴,织当问婢。"不可改也。

注释

①本文作者是宋代的苏轼。戴嵩,唐代画家。

②〔处士〕本指有德才而不愿去做官的人,后来也指未做官的士人。

③〔所宝〕所珍藏的(书画)。

④〔《牛》〕指戴嵩画的《斗牛图》。

⑤〔锦囊玉轴〕用锦缎作画囊,用玉作画轴。

⑥〔拊掌〕拍手。

⑦〔搐〕抽缩。

⑧〔股〕大腿。

⑨〔乃〕却。

⑩〔掉〕摆动,摇。

⑪〔谬〕错误。牧童认为画中牛"掉尾而斗"是错误的。实际上牛相斗时,既有"尾搐入两股间"的情形,也有"掉尾而斗"者。

⑫〔然之〕认为他说得对。

文 本 简 析

　　本文是北宋文学家苏轼所作的一篇题跋,相传是苏轼在他朋友李公麟家中见到了戴嵩的画作《斗牛图》,回到家之后他就创作了这篇题跋,后收录于《苏轼文集》。题目中的戴嵩乃是唐代画家,擅长画农家、山川之景,画水牛尤为著名,《斗牛图》是其传世作品。《书戴嵩画牛》就是苏轼记录的有关戴嵩此画的故事。

　　本文第1自然段是故事背景介绍,苏轼描绘出了一个爱好书画的隐者形象——杜处士,他喜爱书画,家中所珍藏的书画用百来计算。其中戴嵩所画的《斗牛图》,杜处士尤其珍爱。课文第2自然段叙述了发生在杜处士与一个小牧童之间的故事。有一天,牧童发现了《斗牛图》中的错误,杜处士觉得他说得很有道理。在文末苏轼采用"借笔"的写作方法,借古人所言,指出耕种的事应该去问农民,织布的事应该去问织工,这是不应改变的道理。

　　作者通过讲述天真可爱的小牧童与虚心好学的杜处士的故事向读者揭示了一个深刻的道理:即使像戴嵩这样的画牛大家,如果没有生活实践,对细节观察不准确,也会出现错误,可见实践才能出真知。因此,在面对有经验的行家里手时,应像杜处士一般虚心,虔诚地向他们请教。

　　本文虽不足百字,却给人以启示,可谓是"笔简而意足"。

朗读指导

文言文的朗读整体上是平缓从容的，断句与节奏的把控至关重要。

题目"书戴嵩画牛"中，"书"用作动词，有记录、写之意，理应单字隔开，与下文稍有停顿，紧接"戴嵩画牛"，朗读时语速适中，语气平和。

课文开头首先交代地点、人物，"蜀""杜处士"分别为地点、人物，朗读此句时需要注意语词之间语音的拓开，读作"蜀中－有－杜处士"，其中"蜀中"的停顿稍长于"有"。蜀中的杜处士爱好书画，他所珍藏的书画有上百件，一位德才兼备的学者跃然纸上，也必然跃入读者的脑海之中。"好"为喜爱之意，是杜处士对书画喜爱程度的直接表达，需要在重读的同时稍作停顿，与"书画"二字有所间隔。"所宝"意为所珍藏的宝贝，朗读时读音稍加拉长。"百"是数词，表明杜处士所收藏的书画数量之多，强调重音需重读，拉长语音顺接"数"，语调略扬，颇有惊叹之意。"有"起头，读音略短紧连"戴嵩《牛》一轴"，"戴嵩"二字的后面稍有停顿。杜处士所收藏的画作众多，最爱的是戴嵩所作的《牛》，"尤"表达了杜处士的偏爱，因此应重读。"尤所爱"的表现是用锦缎作画囊，用玉作画轴，"锦囊""玉轴"之间稍停顿。"常"意为经常，宜重读。至此，一个爱好书画的文人形象已深入读者心中。

本文第2自然段讲述了牧童与书画之间发生的趣事，画面感十足。"一日"二字的声气略虚，略拖长音且与下文稍作停顿，有故事娓娓道来的意味。"曝书画"是杜处士晒书画，朗读时要注意与前文稍有间隔，"曝"语音稍高。读至"有一牧童见之"时要注意语词之间语音的拓开，"有一牧童"语调略扬，"牧童"二字读重音，突出强调牧童的身份，一个天真可爱的儿童形象浮现在读者的脑海之中，"见之"二字与前句之间稍有停顿，语调微微降落紧连后文"拊掌大笑"，语速稍快，读音渐次上扬，其中"大"读重音，利用抑扬顿挫的语调把儿童天真烂漫之感表现出来。"曰"与前文虽有逗号间隔，在朗读之时与"拊掌大笑"紧连，气韵相连，不作过长时间的停顿。"此画斗牛也。牛斗，力在角，尾搐入两股间，今乃掉尾而斗，谬矣。"这是牧童所说的话，朗读这一人物语言时一方面要注意断句，另一方面要注意语气、语速、节奏的把控，既要与其他语句表达作区分，又要符合儿童的人物形象。总体看，朗读此句时语调上扬，语速稍快，读出此牧童的自信、天真与活泼。"此画"二字唇舌发力，语气坚定，稍作停顿后接下文。"斗牛"是牧童对画作内容肯定的判断，读重音。句尾"也"表示肯定语气，读第三声，宜稍轻、稍长。"牛斗"二字中，"斗"的读音稍高于"牛"，表现两牛相斗的动态场面。"力""尾"读重音的同时与其后文稍有停顿。"今乃"表转折，宜重读，突出表明画作中的牛尾位置不符合现实情况。"谬矣"二字是牧童最后给出的结论，宜读重音，另外"矣"属上声调类，语音宜拉长，读出牧童的自信爽朗。"处士笑而然之。"这一句气多声放，语气缓慢而亲切，一气呵成，气韵相连，此句过后有明显停顿。本文最后一句是作者对这个故事的评价。"古语有云"宜读得意味深长，仿佛在回忆过去，时间间隔久远。"耕"与"织"为动词，作为强调读重音的同时与后文皆有明显的停顿。"耕当问奴，织当问婢。"前半句与后半句之间气韵相连，无明显停顿。重复"问"，表现对真知的渴望，应读得稍重。"不可"二字肯定之意明确，重读且语调上扬，稍稍停顿后紧接下文，"改也"二字均读第三声，处于句尾表肯定之意，语调应回落，语音延长，宜读得平缓悠长。

教│学│建│议

文言文与我们当下的生活用语相距甚远，其字少意深，音单义广，理解起来较白话文困难，读者需要把文言文中的字字句句理解通透，做到言意结合，朗读这一学习途径必不可少。因此，本文的教学设计，应包括：

第一，借助注释，读准文言文。读准文言文是学习文言文的根本，教师可以采用朗读的方式来检查学生是否已全部解决课文中的字词读音问题。如文中的"好"意为喜爱，应读第四声 hào；"拊"读作 fǔ，"拊掌"意为拍掌；"搐"是抽缩的意思，读作 chù；"谬"读作 miù。

第二，译读文章，读通文言文。所谓译读，是指在对文章有了初步的认识和了解的基础上，对文章的内容进一步理解的过程。在这一阶段，教师理应与学生一起合作进行朗读，在学生遇到难点时给以恰当的引导，让学生明白作者的写作意图、写作内容以及表达的思想感情等，为进一步深入学习文言文打下基础。

第三，研读文章，读清文言文。研读就是讨论性的朗读。在教学中，教师可以预先设计一些问题，以问题为导向，引导学生展开联想，如"拊掌大笑是怎么样的笑？"引导学生想象当时牧童看到画作《牛》时的反应，他会怎么表现怎么说，由此展开联想，并尝试读出牧童的话，有助于帮助学生理解文意。

第四，品读文章，读好文言文。品读，主要指一种赏析性的朗读。教师不仅要要求学生把握文章的语调、语气、写作方法，还要在朗读的过程中体会文章中人物的性格特点及文章的情感脉络。

第22课 月 光 曲

|原|文|呈|现|

两百多年前,德国有个音乐家叫贝多芬,他谱写了许多著名的乐曲。其中有一首著名的钢琴曲叫《月光曲》,传说是这样谱成的。

有一年秋天,贝多芬去各地旅行演出,来到莱茵河边的一个小镇上。一天夜晚,他在幽静的小路上散步,听到断断续续的钢琴声从一所茅屋里传出来,弹的正是他的曲子。

贝多芬走近茅屋,琴声忽然停了,屋子里有人在谈话。一个姑娘说:"这首曲子多难弹哪!我只听别人弹过几遍,总是记不住该怎样弹,要是能听一听贝多芬自己是怎样弹的,那有多好哇!"一个男的说:"是啊,可是音乐会的入场券太贵了,咱们又太穷。"姑娘说:"哥哥,你别难过,我不过随便说说罢了。"

贝多芬听到这里,推开门,轻轻地走了进去。茅屋里点着一支蜡烛。在微弱的烛光下,男的正在做皮鞋。窗前有架旧钢琴,前面坐着一个十六七岁的姑娘,脸很清秀,可是眼睛失明了。

皮鞋匠看见进来个陌生人,站起来问:"先生,您找谁?走错门了吧?"贝多芬说:"不,我是来弹一首曲子给这位姑娘听的。"

姑娘连忙站起来让座。贝多芬坐在钢琴前面,弹起盲姑娘刚才弹的那首曲子。盲姑娘听得入了神,一曲弹完,她激动地说:"弹得多纯熟哇!感情多深哪!您,您就是贝多芬先生吧?"

贝多芬没有回答,他问盲姑娘:"您爱听吗?我再给您弹一首吧。"

一阵风把蜡烛吹灭了。月光照进窗子,茅屋里的一切好像披上了银纱,显得格外清幽。贝多芬望了望站在他身旁的兄妹俩,借着清幽的月光,按起了琴键。

皮鞋匠静静地听着。他好像面对着大海,月亮正从水天相接的地方升起来。微波粼粼的海面上,霎时间洒满了银光。月亮越升越高,穿过一缕一缕轻纱似的微云。忽然,海面上刮起了大风,卷起了巨浪。被月光照得雪亮的浪花,一个连一个朝着岸边涌过来……皮鞋匠看看妹妹,月光正照在她那恬静的脸上,照着她睁得大大的眼睛。她仿佛也看到了,看到了她从来没有看到过的景象——月光照耀下的波涛汹涌的大海。

兄妹俩被美妙的琴声陶醉了。等他们醒过神来,贝多芬早已离开了茅屋。他飞奔回客店,花了一夜工夫,把刚才弹的曲子——《月光曲》记录了下来。

文 | 本 | 简 | 析

课文生动地记述了传说中德国著名音乐家贝多芬谱写的钢琴名曲——《月光曲》的由来。贝多芬来到小镇演出,夜晚散步时被盲姑娘对音乐的热爱和理解所感动,即兴为她创作了一首《月光曲》。

课文描绘了三幅形象的画面:第一幅描绘了莱茵河畔的静夜,展现的是悠闲、恬然的自然美景,充满了形象美,为人物活动创设了静谧的氛围;第二幅表现了贝多芬在茅屋月下创作《月光曲》的情景,月光下,贝多芬弹着琴,穷兄妹俩静静地听着,忘记了痛苦和烦恼,茅屋里却洋溢着和谐的气氛,充满了人性的美;第三幅是用文字描绘出乐曲所创造的月光照耀下的波涛汹涌的大海,令人仿佛沉浸在优美的旋律中,充满了音乐的美。

朗读指导

《月光曲》是贝多芬创作的经典乐曲之一，其优美的旋律倾倒了无数音乐爱好者。课文中美妙的琴声让兄妹俩深深"陶醉"，"等他们醒过神来，贝多芬早已离开了茅屋。"这些都体现了音乐艺术的巨大感染力。教学时，教师可以播放《月光曲》，让学生配乐朗读。如课文第9自然段描写了《月光曲》的内容，可采用配乐朗读法。首先让学生闭上眼睛静静地欣赏《月光曲》的美妙旋律，初步感知曲调的变化；接着让学生在音乐声中轻声地朗读课文，用笔画出课文中所描述的情景并大胆地展开想象；最后引导学生在品读中感悟作者感情的变化。

主要指导学生读好以下五个体现人物心理活动的重点语句：

1. 姑娘说："哥哥，你别难过，我不过随便说说罢了。"听贝多芬的音乐会是盲姑娘一直以来的愿望，而盲姑娘把这梦寐以求的愿望淡淡地称作"随便说说"，说明了她对哥哥的体谅和理解，她十分理解哥哥说的"音乐会的入场券太贵了，咱们又太穷"中含有的不安和痛楚之意，她对自己说的那句话感到不安和后悔。这"随便说说"让我们感受到了盲姑娘的善解人意，让我们感受到淡淡的凄楚和酸涩，更让我们感受到了盲姑娘那种被生活所迫，而强压住内心对音乐热爱的无奈。是啊，生活本来就已经很艰难了，听贝多芬的音乐会是多么奢侈而又无望的事啊！朗读本句，要侧重语意的领会。可通过联系上文中兄妹俩的对话，反复朗读，让学生领会言外之意，弦外之音。

2. 她激动地说："弹得多纯熟哇！感情多深哪！您，您就是贝多芬先生吧？""多纯熟"，是说弹奏的技能熟练；"多深"，是说把曲子里的感情充分表现出来了。句中的两个"您"读起来不一样，第一个是表示猜想，语调稍延长一些。后来她做出了判断，贝多芬正在附近旅行演出，这样高超的演奏技巧，只有贝多芬才行，因此第二个"您"

就很肯定。梦寐以求的愿望变成现实,盲姑娘激动的心情难以言表。盲姑娘的这几句话使贝多芬十分激动,一个双目失明的姑娘,这么酷爱音乐,又这样懂音乐,这是知音啊!正因为遇到了知音,贝多芬才产生要为她弹奏第二支曲子的想法——创作的激情顿时而生。

3."月光照进窗子,茅屋里的一切好像披上了银纱,显得格外清幽。贝多芬望了望站在他身旁的兄妹俩,借着清幽的月光,按起了琴键。"清亮如水的月光下,一切是那么朦胧,那么美,就连破旧的茅屋也显得诗情画意。这样的美,盖过了茅屋里的穷困和凄凉。此情此景,深深打动了贝多芬,他"望了望"穷兄妹俩,同情之心油然而生。是啊,美好的音乐应当属于穷苦而又爱好音乐的人们,他情不自禁地按起琴键来。这段文字要读得舒缓,优美,满含深情,语调要轻柔,甚至带有梦幻般的色彩。

4."他好像面对着大海,月亮正从水天相接的地方升起来。微波粼粼的海面上,霎时间洒满了银光。月亮越升越高,穿过一缕一缕轻纱似的微云。忽然,海面上刮起了大风,卷起了巨浪。被月光照得雪亮的浪花,一个连一个朝着岸边涌过来……"皮鞋匠听着贝多芬的琴声,联想到海上明月升起的奇丽画面。第一幅:月亮刚从"水天相接"处升起,海面上"洒满了银光"。此刻,贝多芬轻轻地按着琴键,要读出音乐轻幽、舒缓之感。第二幅:月亮越升越高,天空出现了"一缕一缕轻纱似的微云"。随着景象的变化,音乐气势逐渐增强,曲调出现了波折。第三幅:"忽然,海面上刮起了大风,卷起了巨浪。"强音乐骤然响起。浪花"涌过来",气势凶猛,音乐高昂激越,节奏越来越快。多么美丽的画面,多么丰富的联想!朗读这段文字时,语速要时而舒缓,时而明快,语调要时而悠扬,时而激烈。用变换的语气语调,体现贝多芬高超的技艺。

5."月光正照在她那恬静的脸上，照着她睁得大大的眼睛。她仿佛也看到了，看到了她从来没有看到过的景象——月光照耀下的波涛汹涌的大海。"朗读这段文字，教师要指导学生建立内心视象，既要有恬静的姑娘，也要有波涛汹涌的大海。"恬静"，形容姑娘被音乐唤起了想象后，脸上表现出来的专注、平静的神色。脸上是"恬静"的，心里是舒适、安逸的。"仿佛"，指哥哥看陶醉在琴声中的妹妹，从妹妹专注而平静的神情中产生的感觉，感觉妹妹也和自己一样，被琴声带到了月光下的大海。"月光照耀下的波涛汹涌的大海"，是多么宽阔自由的天地，又是多么光明、美好的景象，这正是兄妹俩所向往的情景。贝多芬的琴声带给了兄妹俩无穷无尽的想象。

教学建议

教学本课时，教师可根据课文特点设计多种形式的朗读训练，让学生在读中理解课文的内容，在读中感悟音乐家同情贫苦人民的高尚情怀。例如课文第5至6自然段是贝多芬与穷兄妹俩的对话，教学这一部分时，教师可采用情感引读法，即创意性地添加词语或语气式的情感引读，要求学生根据教师添加的词语或语气提示等，接读课文中的有关语句。学生很容易找到朗读的味道，不但了解了盲姑娘是一位热爱音乐且有很高的音乐才能的穷姑娘，而且也从字里行间体会到贝多芬对盲姑娘的敬佩与同情，从而感受到伟大音乐家所具有的崇高品质。

第24课 少年闰土

|原|文|呈|现|

　　深蓝的天空中挂着一轮金黄的圆月,下面是海边的沙地,都种着一望无际的碧绿的西瓜,其间有一个十一二岁的少年,项带银圈,手捏一柄钢叉,向一匹猹尽力的刺去。那猹却将身一扭,反从他的胯下逃走了。

　　这少年便是闰土。我认识他时,也不过十多岁,离现在将有三十年了;那时我的父亲还在世,家景也好,我正是一个少爷。那一年,我家是一件大祭祀的值年。这祭祀,说是三十多年才能轮到一回,所以很郑重;正月里供祖像,供品很多,祭器很讲究,拜的人也很多,祭器也很要防偷去。我家只有一个忙月(我们这里给人做工的分三种:整年给一定人家做工的叫长年;按日给人做工的叫短工;自己也种地,只在过年过节以及收租时候来给一定的人家做工的称忙月),忙不过来,他便对父亲说,可以叫他的儿子闰土来管祭器的。

　　我的父亲允许了;我也很高兴,因为我早听到闰土这名字,而且知道他和我仿佛年纪,闰月生的,五行缺土,所以他的父亲叫他闰土。他是能装弶捉小鸟雀的。

　　我于是日日盼望新年,新年到,闰土也就到了。好容易到了年末,有一日,母亲告诉我,闰土来了,我便飞跑的去看。他正在厨房里,紫色的圆脸,头戴一顶小毡帽,颈上套一个明晃晃的银项圈,这可见他的父亲十分爱他,怕他死去,所以在神佛面前许下愿心,用圈子将他套住了。他见人很怕羞,只是不怕我,没有旁人的时候,便和我说话,于是不到半日,我们便熟识了。

　　我们那时候不知道谈些什么,只记得闰土很高兴,说是上城之后,见了许多没有见过的东西。

第二日，我便要他捕鸟。他说：

"这不能。须大雪下了才好。我们沙地上，下了雪，我扫出一块空地来，用短棒支起一个大竹匾，撒下秕谷，看鸟雀来吃时，我远远地将缚在棒上的绳子只一拉，那鸟雀就罩在竹匾下了。什么都有：稻鸡，角鸡，鹁鸪，蓝背……"

我于是又很盼望下雪。

闰土又对我说：

"现在太冷，你夏天到我们这里来。我们日里到海边检贝壳去，红的绿的都有，鬼见怕也有，观音手也有。晚上我和爹管西瓜去，你也去。"

"管贼么？"

"不是。走路的人口渴了摘一个瓜吃，我们这里是不算偷的。要管的是獾猪，刺猬，猹。月亮地下，你听，啦啦的响了，猹在咬瓜了。你便捏了胡叉，轻轻地走去……"

我那时并不知道这所谓猹的是怎么一件东西——便是现在也没有知道——只是无端的觉得状如小狗而很凶猛。

"他不咬人么？"

"有胡叉呢。走到了，看见猹了，你便刺。这畜生很伶俐，倒向你奔来，反从胯下窜了。他的皮毛是油一般的滑……"

我素不知道天下有这许多新鲜事：海边有如许五色的贝壳；西瓜有这样危险的经历，我先前单知道他在水果店里出卖罢了。

"我们沙地里，潮汛要来的时候，就有许多跳鱼儿只是跳，都有青蛙似的两个脚……"

阿！闰土的心里有无穷无尽的希奇的事，都是我往常的朋友所不知道的。他们不知道一些事,闰土在海边时,他们都和我一样只看见院子里高墙上的四角的天空。

可惜正月过去了,闰土须回家里去,我急得大哭,他也躲到厨房里,哭着不肯出门,但终于被他父亲带走了。他后来还托他的父亲带给我一包贝壳和几支很好看的鸟毛,我也曾送他一两次东西,但从此没有再见面。

文│本│简│析

课文选自鲁迅1921年写的短篇小说《故乡》,是原文中的前半部分。文中塑造了一个在鲁迅眼中聪明、机智勇敢、见多识广的少年闰土形象,也反映了作者与闰土儿时真挚而又短暂的友谊以及对他的怀念之情。

课文可以分为五个部分:第一部分(第1自然段)写"我"记忆中的闰土。通过一幅想象中的画面,突出了闰土勇敢、机智的形象。第二部分(第2~3自然段)写自己年少时适逢家祭值年,父亲允许闰土来管祭器。这部分主要交代了"我"和闰土认识的缘由。第三部分(第4~5自然段)写"我"第一次跟闰土见面的情形。突出了闰土的父亲十分疼爱他,以及闰土既害羞又活泼的特点。第四部分(第6~18自然段)写"我"和闰土的相处,闰土告诉"我"所不知道的许多稀奇的事情。第五部分(第19自然段)写"我"和闰土的分别与不舍之情。

课文结构安排十分严谨、形象描绘十分鲜明。从结构安排看,是从回忆闰土形象起笔,接着按"相识—相见—相处—相别"的顺序叙述故事;从形象描绘看,主要是通过外貌和语言、动作来刻画人物,从而表现人物的性格特征和思想情感。

朗读指导

课文共分五个部分。课文的开头即第一部分，在全文中起到了重要的作用：

第一，以景烘托人物形象。在"蓝"天与"碧绿"的西瓜地之间，勾画出一轮"金黄"的圆月，作者生动地描绘了"蓝""绿""黄"三色交相辉映的一幅彩图，景色和意境优美，对人物的出场起了烘托作用。实际上，"我"并未亲眼见过海边瓜地那个美丽的场景，而是后文闰土的讲述之中提到，给"我"留下了深刻的印象，也表达了作者对那个祥和、幽静的美好画面的向往之情。第二，生动勾画人物形象。用"项带银圈""手捏""钢叉""向一匹猹"刺去的外貌形象，静态的景物描写和动态的人物描写相结合，给读者以人物形象鲜明、生动的感受。第三，营造气氛，设下悬念。课文开头营造一种气氛，留下悬念：这个场景是如何出现的？这十一二岁的少年是谁？"我"怎样和他相识的？吸引读者迫不及待地把故事读完。第四，埋下伏笔，照应后文。开头的场景描写，表明了闰土是个农村孩子，质朴老实、劳动经历丰富。这为后文闰土给"我"介绍农村生活经验，知道无穷无尽的稀奇事埋下了伏笔。课文前后照应，结构严谨，给人以深刻的印象。

在这样的景色中，一位勇敢机智的少年形象展现在学生面前。朗读时要注意语气语调的变化对表达的作用。"深蓝的天空中挂着一轮金黄的圆月，下面是海边的沙地，都种着一望无际的碧绿的西瓜"，这里的景物描写要用舒缓的语气，体现出静谧的特点，三个表示颜色的形容词"深蓝""金黄""碧绿"都要作为重音，但是整句话的基调不要低沉，而要轻快，既有景物带来的赏心悦目之感，又承接下文少年刺猹的兴奋之感。"其间有一个十一二岁的少年，项带银圈，手捏一柄钢叉，向一匹猹尽力的刺去"，这里的人物描写要稍稍加快语速，要能把人物的机敏勇敢通过语气体现出来,"尽力""刺"这两个词都要重读,显示出少年闰土充沛的活力和尽力、用心的责任感。

　　课文的第二部分"我"回忆了和闰土相识的缘由。从中也交代了两人所处的不同社会地位,"我"是当时家境还好的少爷,而闰土是在"我"家做忙月的一个贫苦农民的儿子。"我认识他时,也不过十多岁,离现在将有三十年了",这句话中作者其实充满着回忆往事的沧桑之感,读的时候把"三十年"加重,尽量读出感慨的语气。"那时我的父亲还在世,家景也好,我正是一个少爷。"这里交代自己当时的家景,是略带沉重感的回忆,所以"我正是一个少爷",在朗读时并无丝毫骄傲之感,而应该是一种自嘲的语气。听到闰土要来,"我也很高兴","他是能装弶捉小鸟雀的"。此处要读得轻快上扬,充满天真,体现出一个十多岁的小男孩对于一个同龄小伙伴的期待之情。

　　课文的第三部分回忆了"我"和闰土的第一次见面。闰土来了,"我便飞跑的去看"。朗读时要用急切的语气来读,速度稍快。接着就是对闰土的第二次外貌描写:"紫色的圆脸,头戴一顶小毡帽,颈上套一个明晃晃的银项圈",这里可与第1自然段的描写合起来,构成闰土的外貌特征。"紫色的圆脸"中的"紫色"是闰土在田地里风吹日晒的结果。外貌描写可用平缓的语气朗读,把他那健康、朴实、天真、可爱的样子更加完整地展现在人们眼前。"他见人很怕羞,只是不怕我",前半句轻读,体现闰土的淳朴,后半句语势提高,表现闰土的天真以及"我们"之间的友好。

　　课文的第四部分写闰土给"我"讲捉鸟雀、捡贝壳、看西瓜、看跳鱼儿等有趣的事情,表现出闰土是一个有着丰富的自然知识、聪明能干的农村孩子。"你夏天到我们这里来","我们"一词应该重读,突出闰土所生活的那个地方、那个环境与"我"这个少爷所生活的环境大有不同，所以才有两个人见识上的差别。从海边讲到瓜地，自然而然又呼应了开头月下刺猹的场景，所以这部分要指导学生精读。"不是。走路的人口渴了摘一个瓜吃，我们这里是不算偷的。"这部分体现了乡下人的淳朴，语气也要平实。"要管的是獾猪，刺猬，猹。月亮地下，你听，啦啦的响了，猹在咬瓜了。你便捏了胡叉，轻轻地走去……"整体的语音要放轻，每个标点后要有充分的停顿，突出刺猹时轻手轻脚向猹靠近的紧张画面，也显出人物的机敏。"阿！闰土的心里有无穷无尽的希奇的事，都是我往常的朋友所不知道的。"这句话，要引导学生仔细品读。这句话含义深刻、感情真挚。闰土从小参加劳动，对自然界了解很多，而"我"和"我"的朋友——这些有钱人家的少爷，只能"看见院子里高墙上的四角的天空"，眼界狭窄、缺少朋友，字里行间充满了对闰土的敬佩、尊重的感情。闰土打开了"我"的眼界，"我"才知道院墙之外还有如此广阔的天空，才产生了对农村生活的向往。这句话要用充满敬佩和羡慕的语气来朗读。

在课文的第五部分闰土要回家了，"我"和他都大哭舍不得分离，而分别之后就再也没有见过面。两人相处时间虽然不长，却建立了纯洁、真诚的友谊。"我急得大哭，他也躲到厨房里，哭着不肯出门"，两个"哭"都要突出，体现了两个孩子难舍难离之情。"但从此没有再见面"要读得沉重，体现出作者心中的难过之情，也让读者为之惋惜，更对二人的再见有所期待。

| 教 | 学 | 建 | 议 |

第一，首先要带领学生读懂读通课文。鲁迅作品中有些词语，学生今天读来感到陌生，是学习本文的一大障碍。文中一些鸟雀、贝壳、动物的名字，不影响学生领悟内容的，可不必深究。对一些半文半白

的语句，要加以指点，帮助学生明白这些语句在今天的语言中的意思。如"其间""无端""素""如许""希奇"等，要让学生在朗读中加以理解。

第二，课文中含义深刻的句子较多，要注意结合课文内容来理解，并从中体会"我"的思想感情的变化，从而真正了解闰土是个知识丰富、聪明能干、活泼可爱的农村孩子。教师可以有层次地设计一些问题，引导学生在思考的基础上更好地理解。比如：闰土为什么要到"我"家来？闰土长得什么样？闰土对"我"说了哪些事？哪件事最让"我"感兴趣？闰土的性格有什么特点？"我"在哪些方面不如闰土？

第三，借助资料理解课文内容，推荐学生课外阅读《故乡》全文。课文中回忆了闰土少年时的形象：活泼、聪明、勇敢、天真，突出了"我"和他的友谊。然而"我"三十年后回到故乡时，闰土变得像个木偶人，见了"我"不像以往那样亲热了，反而恭敬地称"我"为"老爷"。说到生活境况时，他只是摇头，饥荒、苛税、兵匪、官绅使他苦楚难言。作者就这样刻画了一个被重重剥削欺压的中年农民形象，从闰土的少年到中年的对比中，表达了对被剥削欺压的农民阶级的无限同情，对当时不合理的社会制度的极大愤怒。

参考文献

一、图书

(一)教材

1. 教育部.义务教育教科书 语文 四年级 上册[M].北京：人民教育出版社,2019.

2. 人民教育出版社,课程教材研究所,小学语文课程教材研究开发中心.义务教育教科书教师教学用书 语文 四年级 上册[M].北京：人民教育出版社,2019.

3. 教育部.义务教育教科书 语文 五年级 上册[M].北京：人民教育出版社,2019.

4. 人民教育出版社,课程教材研究所,小学语文课程教材研究开发中心.义务教育教科书教师教学用书 语文 五年级 上册[M].北京：人民教育出版社,2019.

5. 教育部.义务教育教科书 语文 六年级 上册[M].北京：人民教育出版社,2019.

6. 人民教育出版社,课程教材研究所,小学语文课程教材研究开发中心.义务教育教科书教师教学用书 语文 六年级 上册[M].北京：人民教育出版社,2019.

（二）专著

1. 张颂．朗读学 [M]．北京：中国传媒大学出版社，2010．
2. 张颂．朗读美学 [M]．北京：中国传媒大学出版社，2010．
3. 郭玉斌．朗诵艺术的技巧与赏析 [M]．北京：文化艺术出版社，2006．
4. 伍振国，关瀛．朗诵训练指导 [M]．北京：中国广播电视出版社，2006．
5. 华锋．吟咏学概论 [M]．郑州：大象出版社，2013．
6. 杨小锋．教师发声训练教程 [M]．北京师范大学出版社，2010．
7. 王璐．播音员主持人训练手册 [M]．北京：中国传媒大学出版社，1998．
8. 曾致．朗诵艺术指要 [M]．北京：中国传媒大学出版社，2007．
9. 赵介平．朗读的魅力 [M]．太原：山西人民出版社，2012．
10. 毛世桢．朗读与朗读指导 [M]．拉萨：西藏人民出版社，2012．
11. 窦桂梅．跟窦桂梅学朗读 [M]．长春出版社，2010．
12. 张华毓，胡兰．我们的朗读课堂 [M]．长春出版社，2010．
13. 谢伦浩．千古名篇朗诵指导 [M]．北京：石油工业出版社，2005．
14. 谢伦浩．青少年节日活动朗诵指导 [M]．北京：石油工业出版社，2005．
15. 殷之光，朱先树．朗诵诗 [M]．北京：人民文学出版社，1985．
16. 林庚，冯沅君．中国历代诗歌选 [M]．北京：人民文学出版社，1984．
17. 金波．中外儿童诗精选 [M]．上海人民美术出版社，2008．
18. 王福生．诗歌朗诵艺术 [M]．北京：中国广播电视出版社，2008．
19. 许地山．落花生·许地山专集 [M]．北京：同心出版社，2010．
20. 高瑛．中国现代作家选集·艾青 [M]．北京：人民文学出版社，1983．

21. 林志浩，王庆生主编．中国现当代文学作品选读[M]．北京：高等教育出版社，1994．

22. 高洪波．草叶上的歌[M]．上海人民美术出版社，2008．

23. 徐鲁．祝福青青的小树林[M]．北京：人民文学出版社、天天文学出版社，2011．

24. 范燕生．普通话水平测试指南[M]．北京：京华出版社，1996．

25. 张志毅，张绍麟．普通话水平测试理论与实践[M]．上海辞书出版社，2004．

26. 中华人民共和国教育部．义务教育语文课程标准[M]．北京师范大学出版社，2011．

27. 教育部基础教育课程教材专家工作委员会．义务教育语文课程标准（2011年版）解读[M]．北京：高等教育出版社，2012．

28. 马亦男．小学考试评价改革实践与探索[M]．首都师范大学出版社，2002．

29. 国家教育委员会师范教育司．教师口语[M]．北京师范大学出版社，1996．

30. 路伟．教师口语[M]．北京师范大学出版社，2011．

31. 李吉林．小学语文情景教学[M]．北京：人民教育出版社，2003．

32. 李吉林．李吉林与情景教育[M]．北京师范大学出版社，2006．

33. 文美惠．超越传统的新起点[M]．北京：中国社会科学出版社，1995．

34. 巴金．快乐王子集[M]．成都：四川人民出版社，1981．

35. 刘勰．文心雕龙[M]．郑州：中州古籍出版社，2008．

36. 叶圣陶．叶圣陶教育文集[M]．北京：人民教育出版社，1994．

二、论文

1. 于永正.语文课堂教学的"亮点"在哪里[J].中国校外教育(理论),2007(1).
2. 朱瑛.《陶罐和铁罐》教学实录[J].新课程(小学),2008(12).
3. 吴中豪.关于语文训练的讨论[J].课程·教材·教法,2008(12).
4. 孙建龙.她为什么读不好——对一个朗读指导过程的反思[J].语文教学通讯,2005(1).